2024～2025
間違いだらけの住まい選び

吉崎誠二

WAC

はじめに　豊かで楽しい人生のための「住まい」選びを

「住まいとしての価値」と「資産としての価値」

本書を読み始める前に、まず考えてほしいことがあります。

「あなたにとって豊かな人生とはどんなものでしょう？」

そして、

「その思い描く豊かな人生に相応しい住まいはどんなイメージですか？」

本書では**「気分がいい家に住むと、人生が豊かで楽しくなります」**ということをお伝えしたいと思っています。

誰もが求める「豊か」で「楽しい」日々ですが、何が豊かで、何が楽しいかは人それそれでしょう。

雨の日より晴れの日が「気分がいい」、真夏のギラギラした炎天下よりも、春や秋の朝のほどよい暖かさの方が「気分がいい」、部屋の窓から隣のマンションの壁が見えるよりも、海や森が見える方が「気分がいい」、部屋でダラダラするよりも、近くの公園でランニングやウォーキングをする方が「気分がいい」など、「気分がいい」の感覚は多くで似通っていると思います。

この「気分がいい」という感覚は、最近の言葉で言えば〝Well-being《ウェルビーイング》〟という単語がちょうどしっくりくるイメージです。

〝Well-being〟、さまざまな場面でよく耳にするようになりました。その人にとって「本質的に価値のある状態」とか、その人の「自己利益にかなうことを実現した状態」のことを言うようです。世界保健機関（ＷＨＯ）憲章では、身体だけではなく、精神的、社会的な側面も含めて「健康な状態」であることを示す用語として使われています。要は「心と体の両面で満足度が高い状態」のことでしょう。

そんなWell-beingな生き方をしている人は、どんな「住まい」を求めているのでしょうか。年齢や収入、ライフスタイルなどにもよるところは大きいと思いますが、このうち、**ある程度余裕のある生活ができる人の多くは、一戸建て住宅に住んでいる人が多い**ようです。高額な家賃を払って賃貸住宅に住んだり、超高層マンションの上層階を選んだりするよりも、「土地付き一戸建て住宅」の方が「豊かに暮らせる」と考えているのでしょう。

かつての一戸建て信仰は薄れ、タワマン信仰に変わっているように思う人も多いようですが、いまだに高級な住宅街に一戸建てが広がる地域は都市部にも多く存在し、それなりに高額で中古一戸建て住宅が売買されています。特に人気のある地域での一戸建て用地（土地）は「需要＞供給」のため、水面下での取引が中心です。

個人の「Well-beingな生き方」に、数字で限定できるような明確な定義はなく、統計の取りようもありません。そのため長い間、不動産業界とかかわりのある仕事をしてきた、ぼくの印象に過ぎませんが、事実、そのようなのです。

1990年代後半くらいまでは、社会人になってから結婚するくらいまで賃貸住宅に住み、ある程度蓄えができたら分譲マンションを購入し、いずれ一戸建てに住み替えるという〝住宅すごろく〟が一般的で、住まいのゴールは「一戸建て」でした。

ところが、2000年代に入り様子が違ってきました。都心をはじめとして通勤などの利便性のいい大都市部に大量の分譲マンションが供給されます。また女性の社会進出がどんどん高まった時期でもあり、「仕事と生活の利便性」を第一に考える「住まい」選びの結果、都市部マンションの人気が高まります。

需要が増え続けていることに加えて、2010年代のようにマンション供給が少なくなったことなどを受け、都市部マンションの資産性は高まります。このような「住宅の資産価値」を含めて考えることで、分譲マンションを〝住宅すごろく〟のゴールにする人が増えているのです。

住宅のことを考える際、最初の悩みどころは賃貸か、購入かの選択です。賃貸の場合、都市部では圧倒的にマンションであり、地方や郊外ではアパートが主流です（一戸建て賃貸もありますが、比較すれば数は少ない）。

そして、所有して住む、つまり住宅購入となると、次の悩みどころはマンションか、一戸建てかの選択です。

住宅の価値には大きく分けて二つの側面があると考えられます。**「住まいとしての価値」**と**「資産としての価値」**です。

「住まいとしての価値」には利便性や住み心地の良さなど、いろいろな側面はありますが、要は**「自分が理想とする生活を実現してくれる家かどうか」**が重要なポイントです。他方、「資産価値」はシンプルで「転売するときにいくらで売れるか」に尽きます。

〝住宅すごろく〟のゴールが一戸建てだった時代には、「資産価値」よりも「住まいとしての価値」を重視する人が多数派だったと思われます。

子育てするなら自然豊かなところで、庭付きの広々とした家に住みたい。休日は子供とキャッチボールをしたり、犬の散歩に出かけたり、友達を招いてバーベキューを楽しんだりしたい。そういうことができる家に住みたい。

そんな住宅の価値を優先して、一戸建てがゴールと考える人が多かったのです。

ところが近年は、特に2015年以降はより顕著でしたが、「資産価値」を優先する人が増えました。背景には1990年代のバブル経済崩壊以降の失われた30年で、日本の人々に蔓延した「不動産価値は大きく下がる可能性があり、人生最大の買い物と言われる住宅の価値の将来に対する漠たる不安」があるのだと思います。

近年、名目賃金は上がっていますが、それ以上の物価上昇のために実質賃金は上昇が緩《ゆる》やかで、生活も右肩上がりに豊かになっていくわけでもないので、せめて、住宅ぐらい価値のあまり下がらないものにしたい、できれば価値が上がるものならもっといい、それなら老後に子供に迷惑をかけることもない、というような考えです。

また、この30年の間に、女性の社会進出でダブルインカム世帯が増えたため、子育てしやすく通勤の利便性を重視する人が多くなったことも遠因の一つでしょう。郊外の一戸建てで妻は子供をのびのびと育て、夫は家族の幸せのために長時間、満員電車に揺られて通勤するという、かつての〝幸せ家族モデル〟を追いかける世帯が大きく減りました。

そういう条件があいまって、今の社会では「資産価値」を住宅選びの最重要ポイントと考える人が増えたのです。郊外の一戸建てよりも都市部のマンションを住まいに選択する人が多くなり、〝住宅すごろく〟のゴールは「資産価値」の高いマンションとなっています。

いつまでも賃貸住宅に住むと長生きできない？

しかし、そのような住宅選びが、本当に人々の人生を幸せにするのだろうか。Well-bingな生き方の一助となるのだろうか。その疑問が本書執筆の原点です。

住宅は家族との生活の場であり、自分と対話する場であり、外で活動する際の基点となり、人生の多くの時間を過ごす場所です。**住宅で過ごす時間が豊かでなく、満足感を得られなければ、人生は楽しくありません。**

マンションライフが性《しょう》に合い、快適と考える人がマンションを選択することに何ら問題はありません。

ですが、郊外の一戸建てに住みたいと願っているのに「資産価値」を考えてマンションを選択するのは考えものです。というのも、住宅には「資産価値」に代えがたい「幸福感や心の充実感という価値」があることを忘れてはいけません。

さらに、ちょっと恐ろしい研究論文もあります。**賃貸住宅に住んでいる人は持ち家の人より早死にする危険性が高い**という、オーストラリア・アデレード大学の研究データです。詳細は第2章に譲りますが、その原因はストレスだそうです。だとすれば、一戸建てに比べると、集団生活のためストレスフルな日常になりがちな分譲マンションライフも危ない可能性が高まります。マンション暮らしには寿命を縮める危険性もあるということになります。つまり、Well-beingとは正反対の状況です。

将来の生活に不安を抱える人々のニーズに応えて、「資産価値」の側面を重視した不動産情報を発信してきた不動産業界にも責任の一端はあると思います。仕事柄、不動産や住宅業界の関係者とお話しする機会も多く、不動産関連の書籍をたくさん読んできましたが、「どんな物件が得か」という損得の話が中心です。けれども、「豊かな人生を謳歌《おうか》するため」というアプローチで「住まい」について述べたり、「根源的な住宅観」について触れた書籍はとても少ないように思います。

投資でも同じです。不動産投資のセミナーなどで不動産市況の見通しなどのお話をする機会もありますが、ぼくが依頼を受ける講演内容は、不動産における「市況」や「将来の見通し」がほとんどです。

しかし、大きな講演イベントなどで登壇する際に、前後の時間にふらりと投資関連の講演を覗《のぞ》いてみれば、講師が口にするのは、自身が投資で成功したことを黄金律のように語り、「どうすれば儲かるか」という損得の話ばかりで、投資についての考え方や投資観、投資論を話す人は少ないようです。

投資に損得勘定はもちろん重要です。しかし、その前に整理しておかなければならないのは、自分の投資に対する価値観です。大きな儲けは期待できないけど、元本割れするリスクが非常に小さい堅実な投資を望むのか、ハイリスク・ハイリターンの投資にかけてみたいのか、といったことで、これをファイナンスの分野では「リスク選好」といわれるものです。

不動産投資なら、利回りは低くてもいいから毎月安定した収入を得たいのか、将来値上がりしそうな物件で大儲けしたいのか、それによって、当然のことながら投資すべき物件は変わります。

投資にどのような価値観を持つかにより、講師の話の受け止め方も変わります。ハイリスク・ハイリターンを期待する人からすると、投資で大儲けした話は武勇伝に聞こえるでしょうが、堅実な投資を望む人には、たまたま運が良かっただけの話に聞こえるはずです。一方で、堅実な投資の話は、一か八かの投資を望む人には退屈ですが、安定した収入を望む人にはとても参考になります。

大切なことは、セミナーなどで情報を集める前に、自分がどのような投資を望んでいるのか、経済状況も踏まえて熟慮することです。

そうした〝根っ子〟がなければ、情報や人の話に振り回されて、自分が望んでもいない、自分の性に合わないような投資話に手を出して失敗するということになりかねません。ですから、ぼくは講演の中で「大変申し訳ないけれど、このようなセミナーに足しげく通っているような人の中で、投資の方針・目標・リスク選好などスタンスが決まっていない人は、投資してもあまりうまくいっていないと思います」などと言うことにしています。

「なんとなく」で決めた家選びの先に待つものは

住宅選びも同じです。どの物件が、資産価値が上がりそうか、ステータスが高いかなどを考える前に、自分はどんな暮らしをしたいのか、どのような暮らしに幸福や満足を感じるのか、そのうえで、どんな住まいに住みたいのか。

一戸建てかマンションか、賃貸か持ち家か、経済重視か生活重視かなど、住宅についての自分なりの考え、つまり、ライフスタイルに基づく住宅観を固めておくことが何よりも大切です。

住宅観が確立しないまま住まい探しをすると、溢れる情報に振り回されて、自分が本当に望んでいるのとは違う住宅を購入してしまうということになりかねません。

今、タワーマンションが人気だからとか、みんなが買っているからとか、おしゃれな街というイメージだからという、「なんとなく」で決めてしまうような家選びの先には、失敗しかありません。〝憧れ〟(価値観は人それぞれですが……たとえとして)の都心のタワーマンションを購入した後になって、暮らしてみたら思っていたのと違った。本当はバーベキューができるような庭付きの郊外の一戸建てに住みたいんだった、と気づいても後の祭りです。

たとえば、タワーマンションにもメリット、デメリットがあります。ぼくも通算12年間住みましたが、確かに利便性は良かったのですが、「決して、住み心地のいい住まいとは言えないかな」というのが、住んでみた率直な感想です。

持ち家にも賃貸にもメリット、デメリットがあります。それぞれについては、本章で詳述しますが、当然、どんな物件にもメリット、デメリットはあるもので、**いい物**

件か、価値のある物件かどうかは、その人の持つ価値観や人生観、住宅観で変わってきます。

もし、今は仕事に集中したくて、寝るところだけを確保できれば後は何も望まないという人なら、仕事場に通いやすいターミナル駅の近くで割安な物件が最も価値ある物件かもしれません。日当たりや間取り、周辺の環境などどうだっていいということになります。しかし、ワークライフバランスを重視して、休日にはゆっくり、のんびり過ごしたいと思う人には、例えば、街中の狭いワンルームマンションは合いません。

本書でお伝えしたいことは、**「自分の住宅観や住宅論を確立してから、それにふさわしい住まいを探すこと」**ということです。そして、その根本には「そこに住んで幸せを感じられるか、Well-beingな暮らしが実現できるか」ということが大前提となります。

本書には、みなさんがご自身の住宅観を確立するためのヒントを詰め込みました。また、業界関係者だけが知っている情報も盛り込みました。もちろん、損得的なアプローチについても解説しています。

ぼくは、住宅や不動産を専門にデータ分析しているエコノミストであり、経営コンサルタントです。我々はデータなどからの分析と、そこから導き出されるエビデンスをもとに論じるのが仕事です。しかし、本書は「人生の中での住まい」、「住まいの考え方」など抽象的なことがテーマであるため、ぼくの見解を中心に述べています。さらに、読者のみなさんが、ご自分の住宅観を確立し、最も適した住宅選びに成功されるために必要な「一般的にはあまり知られていないこと」も多少盛り込んでいます。

本書がみなさんの住宅観の確立と最善の住宅選びの一助となれば幸いです。

令和6年8月

吉崎誠二

間違いだらけの住《マンション》まい選び

◎目次

編集協力　岩本宣明
装幀　須川貴弘（WAC装幀室）

序章

豊かな人生＝居心地のいい住まい

――オススメは少しの〝背伸び〟

「豊かな人生」と「住まい」について執筆するにあたり、いくつかの「人生の豊かさ」をテーマにした書籍を読むことにしました。特に日本でもベストセラーとなっている海外で出版されたものの翻訳本からは気づかされることが多く、いっぱいメモを書き込むほどでした（本にどんどん書き込むのが、ぼくのスタイルです。小説を読むときはしませんが）。

ところが、残念なことに「豊かな人生」を歩むベースとなる「住まい」について言及されている書籍はほとんどありません。

すでに多くの研究が示しているように、**「豊かな人生」を築く最も大きな要因は「人間関係」**のようです。家族（パートナーや子供）との関係、学生時代の友人との関係、仕事上で知り合った交友関係、趣味での人間関係……など、あらゆる人間関係の中で、我々は日々を過ごしています。

しかし、定年後、職場を離れると、仕事一辺倒だった人は仕事を通じての人間関係が希薄になる一方で、家族や趣味での関係が主となり、その時間の多くは自宅や近所で過ごすことになります（家族関係が、こじれている場合はここでは考えていません）。

いつまでも賃貸住宅に一人暮らしが、最もリスクが高い？

「はじめに」で「賃貸住宅に暮らす方が、持ち家に暮らすよりも寿命が短い」というオーストラリア・アデレード大学の研究論文をご紹介しました。日本でも同様の傾向にあるかどうか正確なデータはありませんが、ぼくは日本にも当てはまると思っています。賃貸住宅にずっと暮らすと、「家賃が払えるか、家賃が上がらないか」といったストレスがかかることが、相対的に短命な理由と、この論文にはあります。しかし、それだけなのでしょうか。

大学進学や就職の際に賃貸住宅に住むことは日本では一般的です。また結婚して間もないカップルが賃貸住宅に住むことも同様です。ここでは、何もこのような賃貸住宅需要のメインである若年層のことを言っているのではありません。

近年、生涯未婚率が急上昇しており、2020年時点の生涯未婚率（＝50歳時点未婚率）は、男性ではすでに30％近くになり、女性も20％近くとなっています。この先も、生涯未婚率は拡大することが予想されています。賃貸住宅に暮らす人の多くが一人暮らしであることはよく知られています。全国では単身世帯の約62％、主要都市部では、概ね70～75％（2018年国勢調査）が賃貸住宅に住んでおり、このことは賃貸住宅需要を支える大きな要因とも言えます。

先述したように「良好な人間関係は長寿をもたらす」ことをあわせて考えると、親元（実家）を離れて以降リタイア後も、ずっと賃貸住宅に一人で暮らすというパターンが最も早死にするリスクが高いということになるでしょう。

健康の改善は人生を改善――そのベースは住まいに

言うまでもないことですが、長寿のためには健康に留意することは欠かせません。ある程度の年齢を超えたら、適宜、運動をする、食事に気を遣うなどは、40歳くらいを超えると、みなさんが気にされていることと思います。食事をする場所はどこが多いのか。独身者の中には、朝昼晩と外食という人もいるでしょう。現役世代なら、朝・晩は自宅、昼は外食というのが多いパターンでしょう。リタイア世代なら、3食とも自宅という人も多くいると思います。このように食事をする回数の多い自宅が「自分の心地いい空間」であれば、「おいしい食事」「気を遣った食事」となるでしょう。

次に運動はどこでするのか？

現役世代なら「会社帰りにジムに寄る」という人も多いでしょう。しかし、リタイア後は、なかなか街中にある（会社帰りに寄るような）ジムにも行きにくくなり、たまにゴルフなどに行く程度かもしれません。また、自宅近所にジムがあれば通えますが、近所になければ、自宅付近をランニングや散歩するなどで、運動することができます。公園が近くにあれば、こうした環境が整っているということになるでしょう。

〝時間〟は〝おカネ〟よりもはるかに希少

「休日くらい、自宅でノンビリしたい」という声を聞くことがあります。自宅でのノンビリ時間を味わうことはいいことだと思いますが、ぼくは「自宅での時間は休憩時間ではない」と思うようにしています。

「食事時間を味わう」「子供との時間を味わう」「家族との時間を味わう」「読書の時間を

味わう」「映像コンテンツを味わう」などといった**「自宅での時間を味わう」**という意識です。

時間は、おカネよりも圧倒的に希少です。たとえば、小学生の子供との時間を味わう日数は、どんなにおカネを払っても6年間＝2190日（365日×6年＝2190日）です。そして時間は逆戻りしません。子供との思い出、旅行や子供のイベント（運動会など）は、もちろん大切な時間です。しかし、考えるまでもないことですが、子供と過ごす最も長い時間は「自宅での時間」です。子供との時間を味わえるような「住まい」に住みたいものです。

あなたの人生は残り何日？

ちなみに、読者の皆さんは、生まれてからこれまで（今日まで）何日生きてきたか計算したことがありますか？

日数計算ができる便利なサイトがいくつかあり、例えば、カシオが提供している「ke！isan 生活や実務に役立つ計算サイト」の「日数計算（日付－日付）」(https://

keisan.casio.jp/exec/system/1177658154/）などを使えば、すぐに分かります。

例えば２０２４年８月31日現在で、１９７４年７月１日生まれの人（現在50歳）は、これまで１万８３２５日（生まれた当日含む）経過しました。また、逆に例えばこの人が、88歳になる前日（つまり、ジャスト88年生きたことになります）に亡くなるとすれば、人生の総日数は３万２１４２日と計算されます。差し引きの人生の残り日数は、１万３８１７日ということになります。

この例での人生の消化率（24年８月末現在）は57％、残りは43％です。

こうして、日数をカウントすれば、なんだか１日１日を味わって過ごしたいと思いませんか。もちろん、その人生の（＝日々の暮らしの積み重ね）ベースとなるのは、「自宅」です。

収入の中で、何におカネをかける？

ぼくの社会人１年目の４月末のことです。入社した会社から初めての給与をいただだきました。その時の上司はとても気さくな方で、仕事終わりにお酒を飲みながら、いろいろと本音で「これまでの仕事の経験談」だけでなく、「人生どう生きるか」など、哲学的なことまで語ってもらいました。何度も繰り返し言われたのは、**「若い頃はカネを使って、いろいろと経験しろよ」**というアドバイスでした。

また、初めての給与が振り込まれた日、この上司と先輩から「今日、初任給をもらっただろう。一部は両親にお礼の食事をご馳走するために使って、残りは思い切って使ったらいいよ」と言われたことを覚えています。

実はこのときには、ドカッとおカネを使わなかったのですが、その後、半年分を貯めて、それを敷金として築古でしたが、背伸びをした分譲マンションの賃貸物件に引っ越しました。毎月の賃料を払えるか心配でしたが（当時はまだ賃料は安かったですが）、それまでの狭い部屋から出て、ルーフバルコニー付きの70平方メートルの部屋で過ごす時間は快適でした。ちょっと贅沢なソファや椅子、テーブルなどの調度品も買い揃え、自分の気に入ったものに囲まれた空間をつくりました。

今、振り返ると、それで自分の人生観が変わり、ライフスタイルや生き方が変わり、その積み重ねで、その後の人生も違ったものになったのだと思います。

多くの知人を招き、料理をして振る舞う楽しさも、この時に覚えました。仕事や学友以外の交際範囲も広がり、充実した日々を過ごすことができ、なんだか新しい人生がスタートしたという気分になりました。今、思い出しても楽しい日々で、「背伸びしていい部屋に住んで良かった」と心から思います。

その後、後輩たちにも**「若い頃には背伸びしてでも、いい住まいに住んだ方がいいよ」**という話をよくしました。

特に独身の時は、自分で自由になるおカネが多いはずですから、せこせこと貯めることなく、独身で若い頃にしかできない経験におカネを使うほうがいいと思います。また最近では、新ＮＩＳＡなどの制度を活用した投資を行う人も多いようですが、投資もある種の貯蓄（資産形成）です。こうしたことも結婚して子供が生まれてからでも遅くありません。子供が生まれたら、奥様から「将来を見据えて貯蓄や資産形成をしよう」と言われることも多いですから、その時に始めたらいいでしょう。

生活のベースとなる「住まい」におカネをかけ、またおカネをかけて楽しい経験をいっぱいして、20〜30代を思いっきり楽しむといい。自信を持ってそう言いたい。

この「**少し背伸びした住まいに住めば、人生観が変わる**」は、どんなライフステージ（＝年代）でも真理だと思います。人は、常によりいい生活を望んでいます。そのための第一歩は「快適と思える住まいに住む」であり、「いい家に住む」と、それに合わせたライフスタイルや生活水準に近づくように努力するものだと思います。

「豊かな人生」に欠かせない「健康であり続ける」こと

50歳を過ぎると、残念ながら友人・知人の訃報を聞くことがあります。また、同窓会に出席した時にも、体型が様変わりしている学生時代の友人に驚くことがあります。50歳も過ぎれば、身体のどこかにガタがき始めることは仕方ないのですが、それをカバーするためにも、日々の運動や多少の節制をするのとしないのとでは大きな差となります。

「豊かな人生」の第一歩は「健康であり続けること」。

これは誰もが知っていることです。

そのためにも、40代になれば、健康維持のために積極的におカネと時間を使うべきだと考えます。

私のまわりの友人たちを見ても、健康と体力維持、体型維持のために努力を惜しまない人が多くいます。

それほどおカネをかけない例としては、週末（土日）は必ず10キロのランニングしている高校時代からの友人、毎朝、起きてすぐに5キロ走る仕事関係の知人。休日と在宅勤務の日は、朝1時間のサイクリングを楽しむ大学時代から親しくしている先輩。ジムに行っている知人・友人も多く、平日は出勤前に必ず1時間ジムに行く先輩、休日の朝は必ずジムに行く友人。あとは、パーソナルトレーニングを受けて、週1程度トレーナーとともに筋トレをしている友人もいます。

ぼくはどうかというと、40代になってからはパーソナルトレーナーとともに週1回の筋トレを続けています。また40代半ばの5年間くらいは、毎朝起きて3～5キロ走り、シーズン期間は月1ペースでハーフマラソン、もしくはフルマラソンの大会に出たこともありました。

新型コロナウイルスの影響もあり、しばらく走っていなかったのですが、最近再び走り始めています。朝、ランニングをしてから仕事を始めると気分もいいですし、普段から食べ過ぎの傾向もあり、何もしなければ体型の維持が難しいため、復活したというわけです。

ランニングは時間を選ばず、朝起きた時や夕食前などに自分のペースで運動ができることが魅力ですが、自宅近所に走りやすいコース（場所）があるかどうかは、続けることができるかどうかに大きく影響します。40代の頃、目黒川にほど近いマンションに住んでいましたが、その時は川沿いの道を毎日、朝起きてすぐにランニングしました。多く人がランニングしているのを見て刺激を受けていたことも大きかった。

その後、少し高台にあるマンションに引っ越したのですが、坂が多いためランニングに適した場所が少なく、続けるのに苦労しました。

また、大都市部の利便性のいい場所に住むと子供が安心して自転車に乗れるような場所が自宅の近所にはありません。ノビノビと子供が遊ぶような大きな公園が自宅近くにあるといいと思います。

健康を維持するためだけでなく、子供と遊んだりするためにも、近所にそれなりの公園があるといい。

都区内には、代々木公園（渋谷区）や駒沢公園（世田谷区）、林試《りんし》の森公園（目黒区・品川区）、光が丘公園（練馬区）、石神井《しゃくじい》公園（練馬区）、井の頭恩賜公園（武蔵野市・三鷹市）、舎人《とねり》公園（足立区）など大きな公園があり、こうした場所の周辺の地域は人気の高い住宅地となっていますが、納得できます。

心の声を書き出してみよう

ここまでライフスタイルと結びつきの強い「住まい」こそ、思い描く人生を実現するためのベースであることが理解いただけたでしょうか。

ここで、少し時間を取っていただき、次の二点を考えてみてください。

A：自身の思い描く理想のライフスタイルは？
B：そのために相応しい家はどんなイメージ？

ちなみに、ぼくのAの回答は「心安らぐ日々を過ごしたい」「心と身体がイキイキしていたい」と思っています。具体的には（かなり平凡ですが）、

①人間関係が豊かでありたい。家族や友人を大切に。友人は少なくてもいいので、深い関係を。
②毎日運動をすることで、心と身体が活き活きしている状況を維持したい。日常はランニングやジム（筋トレ）と水泳、加えてゴルフとダイビング。
③今しかできないことを最優先にする。年齢を意識して行動する。具体的には子供との時間、趣味のスポーツなどの時間を充実させる。

それを実現させるための家、つまりBの回答は「大きな公園などがある公園近くの

一戸建て住宅で、小さくてもいいから庭があること」と思っています。

ぼくの父は普通のサラリーマンでしたが、帰宅がそれほど遅くなく、ほとんど毎日、自宅で晩酌をしていました。そして22時くらいに寝て、朝6時半くらいから近所の土手沿い（比較的大きな川が近くにありました）をランニングしていました。

それを見て育ちましたので、ぼくも会食などがなければ、18時30分くらいからは自宅でノンビリ、ビールを飲んでいます。そして、22時前にはベッドに入り1時間くらい読書をしながら眠りにつき、朝、起きたら軽くランニングします。実家は、それほど広くないマンションでしたが、父は自宅に友人を招いたり、部屋で油絵を描いたりして、最大限有効に使っていました。ぼくの考えや父の話はあくまで余談ですが、「住まい」や「生き方」についてじっくり考えると、幼年期から高校生くらいまで（つまり、実家で過ごした期間）の影響を強く受けていることに多くの人が気づくと思います。

みなさんもじっくり思いを巡らせてみてください。その際、ちょっと紙に書き出してみると、よりクリアになると思います。

あらためて、背伸びのススメ――「いい家に住むと人生は豊かになる」

「日本経済新聞」（2024年5月1日付）によると、日本人の半数が給料や年金といった定期収入の10％以上を投資などの資産運用に回しているとのことです。20％以上も投資に回す方も4分の1を超えるようです。若い世代ほど投資に回す割合は増え、Z世代と呼ばれる20代では、10％以上を投資に使う人が62％、20％以上が36％もいるそうです。

この記事を読み、いろいろな考え方があるなと思いました。

ぼくなら、大学を出て仕事を始め、数年経って仕事も軌道に乗り落ち着いてきたなと思ったら、まず、おカネをかけるべきは、住むところ、つまり住まいじゃないかなと思うからです。先述したように、自分の経験からも、その選択はよかったと実感しています。

住まいの環境を良くすると、豊かな時間を過ごすことができます。仕事と私生活の

オン・オフの切り替えも容易になり、心身ともにリフレッシュでき、ストレスも解消され、仕事を楽しむ余裕ができます。これは、みなさんが考えているより、ずっとずっと重要なことだと思います。

広い家で暮らすと、生活が豊かに

都会で暮らす現役バリバリのビジネスワーカーの多くは住まいを、大げさに言えば「寝るための場所」と考えているのではないでしょうか。だから、少々狭くても、使い勝手が悪くても、なるべく職場へのアクセスがいい、あるいは近いなどと、仕事をベースに住まい（多くの場合、賃貸住宅）を選びがちです。しかし、住む場所を妥協すると、豊かな時間を過ごすことなどできません。

まず、広さという観点からいうと、ある程度の広さの中にいると、ゆっくりとくつろいで過ごす時間が増え、心に余裕が生まれます。友人や知人を呼ぶこともできます。すると、家で過ごす時間のあり方が変わり、モノゴトについての考え方も変わっていきます。

どこに住むかで人生は変わる

広さのほかに立地も非常に重要です。つまり、どんな街に住むかです。住めば都とか、朱に染まれば赤くなるとか、いろいろな言葉がありますが、どんな街に住むかは極めて重要で、**特に周囲の環境に影響を受けやすい若いうちは、住む場所によって生活習慣や人生観、ライフスタイルが大きく変化したりします。**そして、それによって、その後の人生に大きな影響を与えます。

下町の人情味豊かな街に住むのか、地方出身者の多くが憧れるミーハーな街に住むのか、古くから静かに栄えている高級住宅地の近くに住むのか……場所によって生活や出会う人が変わり、人生は変わります。

大学進学や就職で、首都圏や関西圏、あるいは名古屋市や福岡市に地元から出てきて最初に住むのは、大半の場合、大学や会社に近い場所と相場は決まっています。実家が資産家であれば別でしょうが、普通はそこに「なるべく安いところ」という条件が加わり、賃貸物件を選びます。

けれども、都会に出てきて数年経ち、心や財布に少し余裕ができてきたら、自分はどのような人生を送りたいのか、そして、そのような人生を実現したり、近づいたりするためにはどんな街に住みたいのか、そのことをよく考えてみてください。そろそろマイホームを、と考え始める年齢にある人も同様です。

住む場所を大きく変える人はあまりいません。一度住んだ場所から、それほど遠くないところ、例えば東京都区内だと皇居から見て城南、城西、城東、城北と大きく4つのエリアに分かれますが、たいていの人は、例えば一度、城南エリアに住めば、だいたいその範囲内で引っ越しします。

そして、自分の理想とするライフスタイルにあった街を探し、そこに生活の根を下ろします。

自分が目標としたり、実現したいと思う人生にマッチする住みたい街のイメージができたら、ちょっと背伸びをしてでも、その街やその街の近く（一帯エリア）に引っ越しすることをお勧めします。

ミスマッチが生む不幸

何も、住むなら著名な高級住宅地に限るとか、下北沢や三軒茶屋といった若い人が多い活気あふれる文化発信地がいいとか、やっぱり人情溢れる下町でしょとか、そういうことを言っているのではありません。

どんな街に住みたいかは、人それぞれ、思い描く生活や人生によって変わります。良くないのはミスマッチです。

ごちゃごちゃした街にはチェーン系の居酒屋やカラオケ店などが多く、ハイソな街にはイタリアンやフレンチ、静かなバーが多い。イタリアンレストランや瀟洒《しょうしゃ》なバーが好きなのに、学校や会社に近くて値段も安いからといって、居酒屋ばかりの街に住んでいたのでは面白くありません。

でも、住めば都ですから、そのうちそんな環境にも慣れて、居心地が良くなってしまいます。その街に同化してしまうと、そのうち、自分の望んでいた生活や人生も忘れてしまいます。

逆もまた真なりです。活気あふれる街で、そこに集まる人々から刺激を受けて成長していくような生活や人生を望んでいるのに、街中から遠く離れたところに住んでいると、そのうち、「自分が何を望んでいたのか」すら忘れてしまいます。待っているのは、思い描いていたのとは違った生活や人生です。

広い家に住むとゆとりが生まれる

最近は「ワークライフバランス」が流行りで、ときとして、仕事に熱中することが悪いことのように言われますが、**仕事に夢中になるのは楽しいことです。仕事をうまくやっている人や、仕事がうまくいっているときは、仕事が楽しくて、あまり仕事をしているという感覚はないと思います**（ぼくも、そうです）。

ですから、仕事と私生活を厳密に区別している人は少ないはずです。よほどの資産家で遊んで暮らせる人は別ですが、多くの人にとってリタイア前までの人生の大半は仕事の時間です。いくら私生活が充実していても、**仕事が楽しくなければ、人生は楽しくありません。**

とはいえ、寝る時間以外はすべて仕事のことを考えているようでは、窒息してしまいます。「ワークライフバランス」を実現するために、9時から6時までは仕事。あとは、私生活を充実させる。そのように、息抜きをすることも重要です。

仕事を充実させるには、ボーッとしたり、仕事のことを忘れて過ごしたりする時間も必要です。そういった〝ゆとり〟がなければ仕事は楽しくありません。

そのゆとりを生み出すベースとなるのは、やっぱり自宅です。そこが寝るだけの場所では、とてもリフレッシュすることなどできません。

住居関連費を30%から35%に

一つひとつの変化は小さなことかもしれませんが、それが積み重なることで、まったく違った生活や人生が始まり、それまでの〝しょぼい〟自分から生まれ変わることができるのです。

一般に、住宅費は給料の3割程度と言われていますが、30%を35%にすることで、ちょっと大きな家に住むことができます。

例えば、給料が30万円で手取りが25万円だとすると、手取りの30%の場合、家賃の上限は７万５０００円ですが、35％だと８万７５００円です。若い単身者に人気の、例えば中央線の高円寺駅周辺だと、７万５０００円なら駅から徒歩15分以内で18平米の１Ｋといったところが相場のようです。

その上限を８万７５００円にすると、同じ１Ｋでも24平米ぐらいの部屋に住むことができます（ここでの家賃や広さは一例です）。６平方米は２坪弱、ですから３畳分広い部屋に住むことができます。

それで、違う人生が始まるなら、とても有意義な投資です。

では、次章では、住宅観を確立することでいかに人生に大きな影響を与えるか、見ていきたいと思います。

第1章

住宅観を確立するために

――自分が望むライフスタイルとは?

「住まい」は寝る場所？　日本人の住宅観とは――

日本と欧米「住宅」に対する価値観の違い

住宅や不動産の市況や価格分析の仕事をしていて、常々、もどかしく感じるのは、日本を含むアジア圏の人々と、欧米の人々の住宅についての価値観の違いです。

アジア圏の人々の多くは（日本人がその典型ですが）、大げさな言い方をすれば、「住宅は寝る場所に過ぎない」と思っている人が多い。特に現役世代のうちは、万事、仕事中心で、自宅での時間、その自宅の場所、広さ、周辺の環境には、仕事や通学などを重視した選択をしがちです。

かく言うぼくも、一時期そんな時代もありました。序章で新卒新入社員時代のことを述べましたが、その後、勤務した、コンサルティング会社では激務が続き、毎日夜10時、11時まで働いていました。

家ですることと言えば、シャワーを浴びて着替えて寝るだけでしたから、その時の家選びは、それまでの快適な住まいを離れ、利便性を重視した部屋に変わりました。会社に電車1本で行けることとか、駅やコンビニ、遅くまで開いているスーパーマーケットに近いことが何よりも大事で、それが物件選びの基準でした。今、振り返ると、実にもったいないことをしたと思います。

それに対し、欧米の人たちと接すると、彼らは**「住まいとはライフスタイルを表現する場」**と考えているのだな、と感じることが多々ありました。欧米のスタイルや考え方がすべて正しいとは思いませんが、「住まい」についての考え方では、欧米人の考え方の方が「人生が豊かになる」と思います。駅直結のマンションが人気になるような日本では、確かに通勤通学などには便利ですが、そこで「豊かな人生」が実現できるかどうかは疑問です。

ニューヨークにはコロナ前に仕事で毎年2~3度足を運んでいましたが、マンハッタンあたりに住んでいるのは、世界各地からアメリカに仕事などで来ている外国人が多く、現地のアメリカ人の多くは、電車や車で30~40分ぐらいの郊外の庭付き一戸建てに住んでいました。広い庭のある一軒家で、のんびりと過ごし、週末には友人を呼び、みんなでワイワイ食事をする、あるいは季節が良ければ庭でバーベキューをするなどが定番で、ハリウッド映画などによく描かれている光景です。ゆとりのある自宅での生活を楽しんでいるのです。

欧米では夏には数週間以上の休暇をとるのが普通ですが、誰もがバカンスに出かけるわけではなく、広々とした自宅でのんびり過ごす人も少なくありません。それができるような家に住んでいます。街中の狭小マンションでは、そんな気になれません。ゴールデンウィークや盆暮れの短い休みに、人ごみに溢れた都会から、温泉や観光地に出かけていき、そこでも人ごみにもみくちゃにされる。そんな姿がテレビのニュースを賑わせるのが、日本人の休暇です。新幹線や飛行機は満席、高速道路は何十キロも渋滞している、ただ疲れるだけの長期休暇になりかねません。

世界を見わたせば、家族で住むとして、街中のど真ん中にそびえるタワーマンションに憧れを抱くのは、アジア人が多いようです。日本の大都市部では、そんなマンションが庭付きの一戸建てよりも高くなっているケースも多く見かけます。欧米では庭のついていない住宅なんて、経済的事情で許されない人を除けば、少数派なのでしょう。

住む家で変わる人間関係

住宅選びがうまくいけば、もっと豊かで楽しい時間や人生を過ごすことができます。例えば、どこに住むかで、友人やご近所との人間関係もすっかり違うものになります。都会の駅近のマンションに住んでいると、子供の関係などがなければ、ご近所との付き合いは多くはないでしょう。コミュニティといったものはなく、たくさんの人が住んでいても、単身者なら独りぼっちで、家族がいても、砂漠の一軒家に家族だけで住んでいるのと同じです。

家族4人が揃えば満員になってしまうような狭いリビングでは、休日に友達家族を招待することもできません。

もちろん、友人や隣近所の人と仲良くしないと人生はつまらないなどと言っているのではありません。まわりから干渉されず一人の生活を楽しみたいとか、家族だけの暮らしで満足なら、それでもいい。問題なのは、住宅選びのミスマッチからそういう生活を強いられていないか、ということです。

もし、職場や駅からは少し遠くても、郊外の一軒家や比較的広い低層マンションに住んでいると、人間関係はがらりと変わります。ご近所付き合いもあれば、休日に友達や同僚を招待するといったことも容易です。それをきっかけに、仕事だけの関係だった同僚との仲が深まり、互いを理解し合うきっかけになるかもしれません。

同じ地域に似たような家を持つ人が集まっているわけですから、経済状況や価値観の近い人も多く住んでいるはずです。自治会の活動や犬の散歩の途中で、思いがけない出会いもあるかもしれません。そのように、住んでいる場所を変えるだけで、人間関係に思わぬ変化が訪れることも少なくありません。

もちろん、リスクもあります。隣が困った人であったりすることもある。ぼくもかつてある公園の近くの土地を購入して、家を建てようと検討したときに、契約の直前にやめたことがあります。何度かその土地を見にいき、契約前にもう一度周辺の感じを確かめてみようと思って現地に向かいました。すると、お隣の家の庭に、陶器の西洋人形が庭のあちこちに大量に置いてあったのです。

しかも、人形はみんな、買おうと思っていた土地の方を向いていて、どこか、怪しげな（？）雰囲気がありました。それまでは、駅までの距離とか、時間別の道路の混み具合とか、そんなことばかりを調べていたので、ご近所の様子は気にも留めていませんでしたが、毎夜、あの人形たちに見つめられながら寝るのかと思うと、ぼくにとっては気持ちが悪く、その土地は諦めることにしました。

いったん購入してしまうと、簡単には買い替えられませんから、一軒家でもマンションでも、持ち家の購入にリスクがあることは否めません。それでもそういうリスクを考慮に入れても、それ以上に人生が豊かになる可能性があるということです。

自分の望むライフスタイルを実現できる家を

とはいえ、何も郊外の一戸建てに住むことや、欧米のライフスタイルを勧めているわけではありません。今、住んでいる家、あるいは、これから購入や引越しを考えている家が持ち家であれ、賃貸であれ、一戸建てであれ、マンションであれ、自分の望むライフスタイルと合致しているかどうか、ということが重要です。

友達とわいわい集まったり、休日には犬を連れて散歩したりできるような生活をしたい。子供と緑溢れる広々とした場所で過ごしたい……。そう思っているのに、会社に近い、便利なだけが取り柄の狭苦しいマンションに住んでいるとすれば、それは絶対に損です。ぼやぼやしている間に、人生という時間はあっという間に過ぎてしまいます。

もし、休日には映画や演劇、コンサートに行ったり、百貨店で買い物をしたりするのが好きで、そのような暮らしを満喫したいのであれば、都会の真ん中に住むことは快適でしょう。価値観、人生観は人それぞれで、だから面白いのだと思うのです。問題なのは、自分が思い描くライフスタイルと住まいのミスマッチです。資産価値や利便性も大切ですが、**住宅選びで一番重要なのは、自分のライフスタイルを実現できる家を選ぶことです。**

なじみのある地域から選ぼう

住宅を購入する際には、職場へのアクセスを重視する人も少なくありませんが、多くの人はなじみのある場所や土地勘のある場所を候補にするのが普通です。なじみのない、まったく知らない場所に引っ越すのは気が引けます。職場へのアクセスを重視するにしても、候補が複数あれば、なじみの地域を選びます。

なじみの地域になるべく近いところに住むというのも、人情です。周囲を見わたすと、ぼくもそうですが、東京より西の地方出身者は、進学や就職で上京すると首都圏の南西側エリアに住む人が多く、北関東や東北の出身者の多くは、郊外の場合、千葉県や埼玉県に居を構える傾向にあるようです。住宅を購入する際には土地勘やなじみのある地域を第一候補と考えますから、地方出身者の場合、最初に住んだ場所は意外と大切です。ですから、自宅の購入を考え始めたら、まず、土地勘のあるなじみの地域で立地条件のいいところを探しておくのがいいでしょう。

「住まい」への目標を持とう

住まいの目標ができると生き方が変わる

人間誰しも多かれ少なかれ、「理想の住まい」のイメージがあるはずです。現在の住まいはそうでなくても、「いつか、こんな家に住みたい」と思っている。その差を埋めようとすることが目標になります。そして、そのような目標があると、毎日の生活も人生も変わってくるはずです。

例えば、将来、都心に1時間以内でアクセスできる庭付き一戸建ての家でゆったり過ごしたいと思うなら、もっと給料の高い会社に就職するなりして、稼ぐことを考えないといけないのかもしれません。もっといい家に住みたければ、現在の仕事を一つ上のステージに押し上げる努力も必要です。

つまり、住まいに関する目標を持つことで、生き方も変わるのです。反対に言うと、目標がなければ、達成するモチベーションも湧いてこないということです。

もちろん、もともとビジネスが大好きで、がむしゃらに働いてきた結果、住みたい家に住むことができるようなったという成功者もたくさんいるでしょう。ですが、誰もがそんな生き方をできるわけではありません。

それでも、**「住まい」という誰にとっても不可欠なモノに目標を持つことで、人生は変わります。**

自分の長所を知ってより良い仕事を

「会社員にはそんな生き方は難しい」と思う人もいるかもしれません。しかし、もしそう思うなら、思い切って自分で起業することだってできます。もちろんそれには周到な準備と努力が必要です。起業をしなくても、会社員にだって自分の仕事のステージを上げる生き方はできます。自分の長所や独自性を理解して、それを伸ばしていくことです。「独自の長所を活かす」しか、収入を増やす方法はありません。

自分の得意なこと、不得意なことを理解していない人は、どんなビジネスでも成功できません。会社員でも同じです。もし、今、勤めている企業で、自分の長所が発揮できないことが明白なら、それはミスマッチですからすぐにでも辞め、自分の力が発揮できる仕事を見つけるべきでしょう。かつてと違い、今は転職することにネガティブなイメージはありません。

しかし、自分の長所や短所も分からず、「嫌になったから辞める」ということを繰り返すような転職では、高みを目指すのは無理です。

今を楽しめない人は理想に近づけない

今、住んでいる場所でまず生活を楽しむ。これも住宅観、住宅論の基本です。今、住んでいる家が、かりに理想とはほど遠く、目標とかけ離れていると感じていても、その中で楽しみや幸せを見つけることができない人には、理想や目標に近づくことはできません。

味気のない部屋に住んでいても、例えば、インスタントではなく、コーヒー豆を買ってきて、おいしいコーヒーを淹れて飲んだら、もっと楽しい暮らしができるかもしれません。カップ麺ばかり食べるのではなく、料理を勉強してみたら新しい発見があったり、スーパーに行くのが楽しくなったりするかもしれません。窓からは隣のマンションの壁しか見えなくても、周囲を散歩してみたら、気持ちのいい神社があったり、遠くを見わたせる丘があったりするかもしれません。日当たりのいい公園があるかもしれません。

目標や理想をはっきりと持ち、その中で**「今を最大限、楽しむ」ことができるかど**

うかで、その後の人生には大きな違いが出てきます。

そのように、**現状の中で楽しみや喜びを見つけられない人は、今より目標に近い家に移ることができたとしても、そこでも生活を楽しむことができません。**そんな暮らしを続けていては、目標に近づきたいという気持ちも、いつの間にか萎《な》えていきます。

仕事やビジネスも同じです。高い目標や野心を持つことは非常に大切です。だからといって、今の仕事に情熱を持てず、おざなりにしているのであれば、その人の未来は明るくないでしょう。今の仕事で一生懸命知恵を絞り、自分のスキルを高め、結果を出すことができない人は転職しても起業しても、うまくいくのか疑問です。

会社に不満を抱く人の多くは「自分にはもっと力があるはずだ。でも、この会社ではその力が発揮できない」と、自分を過信しているところがあります。また、「自分がやりたいのはこんな仕事じゃない」と不満を持つ人も多いでしょう。その通りなのかもしれませんが、だとしても、まず、その環境で結果を出すことが第一です。辞めるのはその後でも遅くはありません。

今の仕事を楽しんだり、結果を出すことができないのなら、何をやってもうまくいかないと思います。

情報に惑わされず、住宅の理想をしっかりと描く

衣食住は生活の基本であり、情報が溢れています。グルメ、ファッション、憧れの街や住みたい家などです。特に、転居や持ち家の購入を考え始めると、住宅や街の情報が嫌でも目に入ってしまいます。また、友人や知人、有名人などの情報も気になったりします。あの人はタワーマンションを買ったらしいとか、会社の同僚が憧れの街に住んでいるとか、そんな話です。

情報の恐ろしい側面

しかし、情報が常に理想の住まいに導いてくれるわけではありません。ときには、自分が本当に望んではいない、別の方向に連れていかれることもあります。情報には恐ろしい側面があるのです。

それに、近い関係にある人や有名人が住んでいるからといって、それがあなたにとって最高、最適の住まいであるとは限りません。

家選びで大切なのは、〝あなたにとって一番いい住まいを選ぶこと〟です。ですから、転居や購入を考える際には、情報に振り回されず、自分がどんな生活を望み、どんな家に住みたいのかをまず考えることが大切です。

空しか見えない上層階

例えば、タワーマンション（超高層マンション。明確な定義はありませんが、概ね21階以上の階層のあるマンション）ですが、ここ10年くらい、都会に生活する人々の憧れの的になっているのか、需要が拡大しています。

多くの人は「上層階から見る景色は素晴らしい」というイメージを抱いていると思います。最上階が最高のステータスで、上層階でなければタワーマンションに住む意味はないと思う人もいるかもしれません。

ぼくも足掛け12年、いわゆるタワーマンションに住んだことがあります。確かに利便性はよかったのですが、毎日景色を見ていたのか、といえばそうでもありません。実際に暮らしてみると、遠くを眺めたり、街を見下ろしたりする時間はそう多くありません。かつて39階の部屋に住んだ時期がありましたが、部屋から見えるのは空、空、空です。空ばかりだと、すぐに飽きてしまいました。

もちろん、窓際に立ち遠くを眺めると気分はいいですが、高所恐怖症の人だったら眼下に広がる街の風景を見下ろすと、ぞっとするかもしれません。そういう意味でも住み始めてみて、「なんだか思っていたのと違うな」とがっかりする人は少なくないでしょう。

一方、中層階だと日常的に目線の先に東京タワーや遠くに富士山が見えたり、近くのビルが目に入ったりします。あのビルは何だろうか、あそこに住んでいるのはどんな人だろうか、などと想像が広がって楽しかったりします。

もちろん、そんなことに興味をまったく感じない人もいるでしょう。また、上層階や中層階よりも低層階の方が落ち着くし、波長が合うという人だっているでしょう。

では、高層階と中層階、低層階のどちらがいいのか。その答えは「人、それぞれ」

です。

自分にとって、どちらがいいのか。自分はどんな景色を眺めながら暮らしたいのか。そもそも、景色が素晴らしいことは自分にとってどれほど価値のあることなのか。価値はあったとしても、その対価は自分の経済状況からして適切な価格か、というようなことを「タワーマンションの上層階の景色は最高」などといったステレオタイプの情報に流されず、自分の頭で考える。それが基本です。

さよならミーハー感覚――見栄は家選びの敵

見栄も禁物です。人間、誰にだって見栄はあります。自分を少しでも大きく見せたいと思うのは動物の本能です。しかし、こと家選びにおいてはぐっと堪《こら》えるのが得策です。高い買い物ですし、一度買ったら買い替えるのは大変です。損をすることもあります。しかも、見栄を張るためだけの満足感は長続きしません。

住んでいる間、ずっと優越感に浸っていられるならまだしも、そんな感情はすぐに消えてなくなってしまうのが関の山です。他人の目を気にしすぎたり、見栄を張りすぎたりすると、本来、〝自分が暮らしたい住まい〟を見失ってしまいます。

住みたい街も同じです。若い世代には中目黒（目黒区）や下北沢（世田谷区）など、おしゃれな街や文化の発信地というイメージの街に憧れを抱く人が多いようです。多くは、テレビやネットに溢れる情報から、いつの間にかそのような憧れを抱くようになったに過ぎません。おしゃれな街と聞いていたけど、住んでみたら、あまり好きじゃなかった、ということになってしまう可能性もあります。

おしゃれで、おいしいカフェやレストランがたくさんある。そんな情報に流され、中目黒に引っ越してみた。だけど、

「自分はあまりコーヒーが好きじゃなかった。2000円もして盛り付けもおしゃれなランチを食べても、上品過ぎてちっともおいしいとは思わない。どちらかというと、ファミレスとか町中華の味の方が性に合っているんだ」

引っ越した後になってそんなことに気づいても、後の祭りです。

ぼくが大学院生の頃、学校からは遠いのに下北沢にものすごくこだわって住んでいた友人がいました。「どうして下北なの？」と聞いたら、小劇場がたくさんあって、い

ろんなお芝居をやっているからだと言います。

でも、友人は演劇をやっているわけでも、お芝居にさほど興味があるわけでもなさそうでした。芝居を観るといっても、何度か行ったことがあるという程度。おそらく、友人は「下北に住んでいる」と周囲の人に言いたかっただけなのでしょう。

同じ広さ、同じような利便性の部屋で比較すると、家賃が高い物件が多いのに、街のステータスや知名度だけで選ぶのは、ちょっと違うかなと思います。

人気の高い街は当然、家賃も高い

そういうミーハーな人たちが多く住んでいそうな街の家賃は高いのが相場です。家賃は需要と供給で決まりますから当然ですが、本当にお芝居をやっているとか、毎週、毎月のように観劇に出かけるというような下北沢の価値に値する生活をしている人は別ですが、それを望んでいない人にとってコストパフォーマンスは悪くなります。

極論を言ってしまえば、中目黒（目黒区）や麻布十番（港区）、下北沢（世田谷区）と、メディアでよく取り上げられる街をイメージだけで選んでしまうのは、「都会での暮らしに憧れを抱いている」だけという「芯がない生き方」のような気がします。
周囲の目を気にして情報に流されてしまうようでは、自分の本当に住みたい場所は見つかりません。

波長の合う街を見つけよう

街には歴史や文化を背景とした波長があります。どういう町がいいのか悪いのか、という問題ではありません。自分と波長の合った街を探す、そういう場所に出会うことが住まい選びでは大切です。いくら人気があっても、自分と波長の合わない街で暮らしても楽しくありません。反対に、**波長の合った街で暮らすと、人生のストレスの多くは回避できます。**

ちなみに、ぼくは江戸時代から人が住んでいたような古い街が好きです。例えば、高輪は江戸時代の頃は町はずれで、高台には諸藩の下屋敷が立ち並んでいたところです。あと、かつて音羽《おとわ》屋敷と呼ばれた鳩山会館のある文京区の音羽界隈や、目白台あたりもいい雰囲気の街だと思います。

古くからあるこうした街には、江戸時代からの神社仏閣がそこかしこにあり、明治時代以降に建てられた外国大使館が多かったりします。そういう場所には空間にゆとりがあります。空間にゆとりがあると、人々の生活にもゆとりが生まれます。もちろん、こうした地域の住宅価格や住宅家賃は高めですが。

そういう街には春と秋にはだいたいお祭りがあり、基本的に親子何代にもわたって、その街に住み続けている、地域に根差した人々が大勢住んでいます。そして、そのコミュニティが街を熟成させています。

商店街には何十年も前から続くお店がたくさんあり、それぞれの店がその街に溶け込んでいます。たとえ新しい店でも、その街に溶け込むようにつくられている。街にそういう雰囲気があるからで、それにそぐわない店はたとえできたとしても、長続きしません。

低層のマンションや一戸建ての家が新築されるとしても、街の雰囲気や景観にそぐわないような奇抜な建物が建つことは少ないようです。条例などの規制のように、特に決まりがあるわけではないのですが、不思議と街の統一感が保たれています。

新しい住民もそれに合わせようとする自浄作用のようなものがあります。その街にそぐわないような建物や住民は、街が拒絶する。

それが、長い時間をかけて熟成された〝街の力〟です。ぼくはそんな街に魅力を感じます。

本当に欲しいものを見つける

「情報に流されない」「まわりの目を気にしない」が大切なのは、住宅選びだけではなく、日常の買物やビジネスにおいても同じです。人がおいしいと言うからといって、自分もおいしいと思うとは限りません。流行りのファッションに身を包んでも、それが似合っているかどうかは別です。**いくらハイブランドでも、自分に似合っていなければ価値はありません。**

ぼくは車に乗りますが、あまりコロコロと車種（メーカー）を変えることはしません。周囲を見わたすと、ベンツやBMWといった高級車を次々に乗り換えている人がいます。それもいいと思いますが、それより、こだわりを持ってアンティークな車に20

年も大切に乗っている知人がおり、ものすごく格好いいと思っています。しっかりとした芯を持って、情報やまわりに惑わされない姿にほれぼれとします。

こういうスタンスは、住宅選びにもつながるのではないでしょうか。

情報の洪水に呑み込まれるな

ビジネスも同じです。

「あれが儲かりそうだ」「成長産業らしいから、あそこと取引したり、投資したりすれば利益を得られそうだ」

……そんな、嘘か本当か分からないような情報を信じて投資したり取引を始めたりすれば、どんな結末が待ち構えているかは明らかです。

見栄もビジネスでは禁物です。ときに、ビジネス上、背伸びをしてみることが必要なことはありますが、背伸びと見栄は別です。見栄はその場で優越感を与えてくれますが、利益を運んではくれません。

自分の望むライフスタイルと住んでいる家のミスマッチほど不幸なことはありませ

ん。家を選ぶ際に最初にすべきことは、どんな生き方をしたいのか、どんな暮らし方をしたいのか、どんな家に住みたいのか、自分と対話し、自分の頭で考えることです。**自分の芯を固める前に、情報の洪水に晒《さら》されるのは危険です。**情報の取捨選択もできません。

ロルフ・ドベリの『News Diet』(サンマーク出版)は愛読書の一つですが、ドベリという人は面白い人で、何年も前から「ニュースなし」の生活を送っているそうです。彼は「ニュースを入れすぎると人生が悪化する」と言って、ニュースダイエットを勧めているのです。

つまり、「ほとんどのニュースは、あなたに関係ないでしょう」というわけです。ニュースを減らすかわりに積極的に書籍を読んだり、論文を読んだり、論調のしっかりした雑誌などを読んだりした方がいいとも述べています。

インターネットが広がり、例えば電車の中など移動中にネットニュースを見る人が増えました。「新聞離れ」が急速に進み、新聞の発行部数は大幅に減少し、今や新聞社は窮地に陥っているようです。しかし、「ニュース離れ」が進んでいるわけではなく、逆に暇さえあればネットニュースを見る「ニュース中毒者」が増えているように思えます。

ネットニュースの需要が高まることで、ニュースの量産が起こっており「些細なこと」、つまり、本来「どうでもいいようなネタ」までも掲載されています。こうした記事を読むことに時間を消費すると、「じっくり自分の頭で考える時間」が大幅に減ってしまいます。

家選びも同じです。

まず、「自分の人生哲学（どんなライフスタイルで生きたいか）」をしっかり持ち、その上で「自分の住宅観」を構築する。その際、安易なニュースや広告などの情報に頼らず、溢れる情報に振り回されない。芯が固まっていないときに、多くの情報に触れてしまうと、ふらふらして流されてしまいます。

具体的な物件情報の収集は、その後でもまったく問題ありません。

年齢とともに最適な住まいは変わる

ライフステージに適した家

人生は大きく分けると3つのステージに区切られます。

最初は親のもとで過ごす「子供」の時代。それから、独立して仕事をする「現役」の生活。それには、結婚や家族を持つことも含まれるでしょう。そして、リタイア後の生活です。

それぞれのステージで流れている時間はまったく性格が異なります。違った時間を過ごすのですから、それに合った「住まい」は違って当然のはずです。

親もとで暮らしている時の家は、子供は（ほぼ）選べません。

次に、現役のときには、なるべく会社など仕事の拠点に近い、利便性の高いところに住む方が通勤の時間やストレスが少なくて済むなど効率性を重視して選ぶ人がほとんどです。そうなると、リタイア後にまわりや家主に気を遣いながら、都市部の賃貸住宅に住み続けるのは、あまり快適ではありません。分譲マンションだったとしても同じです。リタイア後には、思い切って緑に囲まれた郊外のゆとりのある場所に転居して暮らす方が断然、幸せだと思います。

しかし、今起こっていることは、それとは反対のことが多いようです。せっかく、郊外に一戸建ての住宅を購入したのに、子育てが終わり、子供が巣立ってから、マンションに住み替える人も増えています。夫妻2人には広すぎるとか、一般的には2階建ての多い一戸建て住宅は高齢になると階段がきつかったり、手入れが大変とか、理由はさまざまです。

しかし、マンションの住み替えだけが選択肢ではありません。広すぎるなら小さな一戸建てもありますし、階段がきつければ2階は物置にするとか、平屋に住み替えるという選択もあります。手入れが大変なら、一戸建て住宅の維持管理を請け負ってくれる業者もあります。

住宅を購入するのは一生に一度の大事業と思い込んでいる人が多いようですが、そんなことはありません。**その時々のライフステージに適した、快適な場所や住まいを**

選んで暮らす方がよほど理にかなっています。

二拠点生活《デュアルライフ》という選択肢

家族と暮らす家のほかに、自分だけの住空間を持つほどの贅沢はありません。例えば、骨董好きの人なら、収集した骨董品を収蔵する部屋とか、音楽好きな人なら演奏できる部屋や大音量で音楽を楽しめる部屋を持つとか、そういったことです。

メリットは気分転換ができること。自分だけの時間を存分に楽しめること。

知り合いの出版社の社長は、個人の趣味の部屋を持ち、そこに客人を招いて夕食を振る舞っています。ぼくも一度お招きしていただきましたが、雰囲気のいい部屋で、「いいなぁ」と羨《うらや》ましく思いました。自分の好きなものに囲まれ、自分の世界を表現したようなお部屋でした。

デメリットは、当たり前ですが、単純におカネがかかるということです。よほど生活に余裕がある人でなければできないことですが、都市部での二拠点生活は贅沢であり、レアなケースかもしれません。

別荘（セカンドハウス）との二拠点生活を実践している友人は多くいます。別荘といえば、山に囲まれた有名避暑地に建つ豪華な家、海が見える豪華な家を思い浮かべるでしょう。こうした人気の別荘地エリアに、雑誌に掲載されるような大きな邸宅を建てた知人もいますし、いろいろな別荘地を見てまわり、そこで気に入ったエリアで土地を探し、理想的な平屋の別宅を建てた友人もいます。

昨今、大手ハウスメーカーも別荘建築にはとても力を入れており、カタログなどを見ていると、「著名な建築家がデザインしたのか？」と思えるような、かっこいい別荘を各ハウスメーカーの工法で建築しているので、別荘の計画がある人は、取り寄せてみると参考になるでしょう。

また、人気の別荘地には、じっくり探せば比較的安く買える中古別荘物件もありますので、探してみるのも楽しいと思います。探し当てた物件を、建築デザイナーなどに頼んで、おカネをかけ、かっこよくリノベーションすれば、「立派な別荘」に生まれ変わります。

セカンドハウスの拠点をどこにするか

都市とセカンドハウスとの二拠点生活は魅力的です。とにかく、都会の喧騒を離れてのんびりした、そして爽快な時間を過ごすことができます。

そこで、仕事をしてもいいし、ノンビリしてもいい。その地域で新しい人間関係も生まれる。地域のおいしい食材にも巡り合える。おいしいレストランもあるかもしれない。温泉に浸かり、ボーッとした時間を過ごすのもいい。

ちなみに、たいていの地域には天然温泉があります。日本は火山地域なので、たいていの場所で掘れば温泉が出るそうです。最近はサウナを併設する温泉施設も増え、都会では考えられないような値段で温泉+サウナを利用できます。

セカンドハウスでは自身の求めるロケーションの物件（土地・建物）を探したいものです。**木々に囲まれた場所がいいのか、海が見える場所がいいのか、里山で棚田を見ながらがいいのか。**

木々に囲まれた、森の中にいるようなロケーションの代表的な別荘地は軽井沢（長野県）です。別荘は避暑地として長期滞在することが多かったので、〝木々に囲まれ系〟の別荘地は有名なところが多くあります。例えば、長野・山梨県境にある八ヶ岳周辺、栃木県の那須高原などは人気が高い。

〝海が見える系〟の別荘地で人気が高いのは、逗子や鎌倉、湘南エリア（神奈川県）ですが、価格がかなり高額です。また、これらのエリアは都心まで公共交通機関で60分程度の距離なので、セカンドハウスというよりも移住する人の方が増えています。

その一方で、ここ10年急激に復権した〝海が見える系〟別荘地は熱海市（静岡県）でしょう。山と海の距離がかなり近く、海・山・温泉の全てが揃っています。また、新幹線に乗れば都心まで40分くらいで到着します。行かれた人はご存じだと思いますが、熱海市は断崖のような場所が多い街です。大雨が増えている昨今ですので、物件を購入する際は土地のハザードマップなどはしっかりと確認した方がいいでしょう。

ここまで挙げた地域は、都心からの交通アクセスも概ね1・5時間〜2時間圏内です。この圏内を超えると「長期滞在」を前提にするならいいですが、セカンドハウスとして行き来する「二拠点生活」前提で考えているなら、移動が大変と感じるでしょう。

かつては超富裕層が、別荘を保有するメインの層でした。しかし、10年くらい前から、富裕層や準富裕層と呼ばれる人たちの間にも広がり始め、コロナ禍以降はデュアルライフスタイルが一気に増えました。

そのため、都心からのアクセスがよく、90〜120分圏内の有名な別荘地域の不動産価格が大きく上昇しています。


別荘地のロケーションとして3つ挙げましたが、このうち、日本ではまだそれほど人気が出ていない（＝不動産も高くなっていない）のは里山系です。

世界有数のリゾート地であるインドネシアのバリ島。バリ島は愛媛県とほぼ同じ広さの島で、人気の滞在エリアは海が広がるエリアですが、ウブド（バリ島の地域名）のような里山地域も、以前から人気があります。山が身近に見え、眼下には棚田や畑が広がり、近くには川が流れている谷間、そんな地域です。

里山は、ざっくり言えば人が住む場所（里）に隣接した山のことです。山にほど近い、多少標高のある農村といったイメージでしょうか。日本では星野リゾートが「谷」や「里山」をテーマにしたリゾートホテルを運営しています。

里山は先述したような〝木々に囲まれ系〟〝海が見える系〟に比べて、別荘地としてのイメージがまだ広まっていません。その理由は、別荘地としての「ズバリ感」「分かりやすさ感」に欠けるからでしょう。都心から90〜１２０分圏内（車か電車）では、群馬県の榛名山《はるなさん》周辺や赤城山《あかぎさん》周辺、千葉県の房総半島の内陸部などに里山別荘地として景色のいい場所があります。

セカンドハウス所有の注意点

セカンドハウスは、もちろんおカネがかかることは言うまでもありませんが、ほかにもデメリットがあるので要注意です。

「二拠点生活」を実践する友人に聞くと、セカンドハウスに行き、まずやらなければならないのは掃除と草刈とのことです。ぼくも小さなセカンドハウスを所有しており、月に何回かは行きますので、毎回汗だくということはありませんが、月を空けて久しぶりに出かけたりすると、掃除と草刈でまず半日は潰れてしまいます。**別荘は維持管理が思いのほか大変なのです。**おカネを払って依頼してもいいのですが……。

地域に溶け込むのに苦労が尽きないのを覚悟することも必須です。自分にとっては別宅とはいえ、そこで暮らしている地元の人も大勢いますから、草が伸び放題など管理を怠っていると、苦情が来るかもしれません。頻繁に通えないのであれば、管理会社を通じて掃除・草刈りをお願いするのも一つの手段です。

実際、せっかく別荘を買ってもすぐに手放してしまうケースが多い。ですから、二拠点生活を考える場合には、自分にとってのメリット、デメリットをしっかり検討するべきです。

とはいえ、軽井沢、那須、熱海といった別荘地は人気です。移動時間、管理の手間、おカネといったデメリットを差し引いてもあまりある魅力があるのでしょう。

有名な別荘地の隣町が狙い目

別荘ライフなど勤め人には高嶺の花と思ってハナから諦めている向きもあるかもし

れませんが、やりようによっては手が届く可能性もあります。コロナ以降、リモートワークが一般化し、二拠点生活をする人が増えており、その流れでセカンドハウス需要が増えています。

物件によっては、会社員には夢のまた夢ということでもありません。

人気の別荘地に土地を買い、ちょっと豪華な別荘を新築するとなると1億円以上は覚悟しなければなりませんが、人気の場所から少し外れたところで、中古物件のリノベーションなら贅沢につくっても4000万〜5000万円、やりようによっては2000万〜3000万円で手に入れることができます（以下、金額は一例で、各物件により大きく異なりますので、あくまでも参考程度にしてください）。

狙い目は人気の別荘地の〝近隣の町〟です。例えば、長野県の軽井沢町の隣には北軽井沢（群馬県吾妻郡長野原町）があります。距離にして約20キロ、車で30分程度の場所です。

地価公示額ベースでは、軽井沢の中心部だと1平米当たり15万円程度、中心部から少し離れても3〜9万円ぐらいが相場ですが、北軽井沢になると1万〜1万5000

円という具合です。

高級別荘地では300坪以上の敷地が一般的です。軽井沢で300坪の土地と建物を購入するとなると、それだけで1億円を超えます。しかし、北軽井沢なら300坪でも2000万円前後が相場です。さらに狭い敷地を見つけることができれば、土地代1000万円以下で済ませられる可能性もあります。建物も贅沢を言わなければ、建物込み3000万円でおつりがきます。気に入った中古物件を見つけ、リノベーションするなら、もっと安くて済みます。

蓼科《たてしな》高原（長野県）や八ヶ岳（長野県、山梨県）あたりの地価は、かつては大きく上がりましたが、その後は下がり、近年再び上がっていますが、近隣の富士見町や原村（ともに長野県）といったあたりは、まだまだ安いようです。距離にして30キロくらいの距離です。

さらに熱海市の近くには伊東市（静岡県）や、神奈川県の湯河原町《ゆがわらまち》、真鶴町《まなづる》などがあり、そちらも比較すれば割安です。そのほか、どんな人気別荘地にも割安で土地を手に入れることができる近隣の地域があります。

東京都心や福岡市、札幌市でも同じですが、近年、都市部近隣地域の地価が上昇しています。都心なら隣の川崎市（神奈川県）、札幌市なら北広島市などです。北広島市の地価の上昇率は札幌市を超えています。人気がさらに高まれば、別荘地にも今後同じことが起こる可能性が高いので、近隣地域の地価も今後上昇していくことが予想されます。反対に言うと、今が買い得なのでしょう。

現役時代は別荘として、引退後はそこに定住という発想もあり？

別荘が3000万円というと、「なんだ、やっぱり庶民には手が届かないよ」と思われるかもしれませんが、現役引退後の終の棲家にすることを視野に入れて発想を変えると、選択肢に入るかもしれません。

都市部に自宅を購入する際には、15年か20年は資産価値があまり目減りすることのない好立地のマンションを購入し、引退時には売却して別荘で老後を過ごすとすれば、バランスシートは一気に黒字になる可能性もあります。

また、例えば45歳で購入した1億円の住宅に生涯住み続けるとすれば、子供に資産は残せるとしても、住居費は1億円のままで別荘はありません。引退後、売却して郊外に別荘と同じくらいの費用で終の棲家を手に入れるとすると、費用は同じ5000万円でも、現役時代に別荘はありません。どちらがいいか、選択は人それぞれですが。

シェア別荘もある

別荘を購入しなくても、シェア別荘なら小さな投資で二拠点生活を実現することができます。シェア別荘とは、一頭の競走馬を複数人で所有する共同馬主のように、一棟の別荘を共同で購入する方式の別荘です。

共同購入ですから、費用が抑えられるのが魅力です。別荘は1年中利用するわけではありませんから、ほかのオーナーたちと利用日をうまく棲み分けできれば、割安で二拠点生活を手に入れることができます。

もちろん、友人などと共同で購入するという手段もありますが、いくら親しい友人同士でも、共同購入となると利害を一致させるのは結構大変です。人数が増えればなおさらです。他方、少人数だと一人当たりの負担は大きくなり、シェア別荘のメリットは小さくなります。近年では、シェア別荘をビジネスとしている会社もあり、そこで購入すれば、面倒なことはなにもなく、別荘の共同オーナーになることができます。費用も驚くほどの額ではありません。

例えば、４０００万円の別荘で、共同オーナーの数が８人だとすると、一人当たりの購入費は単純割で５００万円です。それで、年間、一定日数（10～20日）ほど利用することができます。利用日は管理会社が調整してくれます。

オーナー８人で、一人当たり年間10～20日ですから、合計80～１６０日です。それ以外の日は、貸別荘として管理会社が一般の人に貸し出すなど運営してくれます。年間の利回りは、運営費を除いて３％ぐらいにはなるそうです。５００万円で３％の利回りですから、年間15万円ほどの配当です（金額などは一例です）。

別荘に年間10～20泊分利用できたうえで、投資リターンもあります。もちろん、購入費のほかに管理費などもかかりますが、稼働がしっかりすれば配当分で充分賄《まかな》えるし、節税効果もあるようです。また物件には、不動産鑑定士による評価も付いており、安心できるようです。

シェア別荘のデメリットは、共同オーナー制ですから当然、いつでも好きな時に使えるわけではないこと。しかし、それさえ甘受すれば、あとはメリットしかありません。草刈りや掃除、近隣との付き合いなど面倒なことはすべて管理会社に任せ、休暇をゆったりと過ごすことができます。年間10日以上でも所定の金額を支払えば、空いている日を利用することもできます。

会員制のリゾート別荘もありますが、1000万円以上からの高額な会員権のほかに、利用するたびに1日3~5万円の費用がかかるうえ、節税にもほとんど使えません。ですから富裕層向け、というよりも「持っていること」にステータスを感じる人たち向けなのかもしれません。

資産性に替えられない価値がある

住宅の2つの価値

住宅・不動産の指南書の多くは、資産価値の高い物件を選ぶことが最も重要だと力説し、どこの、どんな物件が資産価値が高いのか、値上がりの可能性があり、資産価値に比べて割安で、お買い得はどれかといった内容ばかりです。

もちろん、資産価値の高い物件であるに越したことはありません。収益不動産として賃貸用に購入する場合や、永住するつもりはなく将来的に転売する場合には、高く売れる可能性が高いし、転勤などライフスタイルが変わり、貸したりするときにも高い家賃収入を得ることができます。しかし、それは「住宅価値」の一側面に過ぎません。

住宅には2つの価値があります。**「資産としての価値」**と**「効用としての価値」**です。効用とは経済学の用語で、簡単にいえば、消費者がその財やサービスから受け取る満足度ということです。

「資産価値」は需要と供給のバランス、つまり相場で決まりますが、「効用としての価値」は「自分にとってどのくらいの価値があるか、満足度があるか」によって決まります。例えば、いくら高価な絵画であっても（＝資産価値が高い）、それになんの魅力も感じなければ（＝効用としての価値が低い）、その人にとって価値はありません。絵画は資産として運用すると割り切ればいいのかもしれませんが、自宅となれば話は別です。資産価値だけで住宅を選択するのはナンセンスです。

経済学では有名な「限界効用逓減《ていげん》の法則」があります。1杯目のビールはおいしく、2杯目、3杯目もおいしいけれど、満足度（＝効用）の伸びは、どんどん逓減していくということですが、これは、いろいろなことにあてはまります。

ぼくはかつて、タワーマンションに三度（39階、20階、21階〈最上階〉）住みましたが、タワーマンションの部屋からの景色において、この「限界効用逓減の法則」を実感しました。

しかし一方で、タワーマンションの部屋から見える東京タワーを「高級絵画以上の価値がある」と言う知人もいます。**効用は「人それぞれ」の価値観です**。ビールが大好きな友人は2人で飲みに出かけても、一軒目から帰るまでずっとビールを飲んでいます。ビールの効用も次第に減るとは限らないのです。

資産価値の高い物件の大半は、駅に近くて利便性の高い場所に立地していたり、タワーマンションの中・高層階で眺望のいい部屋だったりします。自分の住宅観を突き詰めて、そういうところに住みたいのであれば構いませんが、住宅観とかけ離れているのであれば飽きてしまいます。家は毎日住むところで、生活のベースとなるところです。自分の波長に合った街や家でなければ、毎日の生活はイキイキしません。反対に、自分の波長によく合った街で暮らすと、家に帰るのも楽しくなります。家族関係が順調なら、ストレスもありません。

「限界効用逓減」の逆は、$Y=X^2$のようなグラフのイメージです。だんだん、満足度が上がるような「住まい」を選びたいものです。それはおカネには代えられない価値なのです。

学生時代の先輩が、15年ほど前に神奈川県の湘南エリアに一軒家を建てました。勤務先までは2時間ほどかかるそうですが、3度の飯よりサーフィンが好きだと言う先輩は大満足のようです。学生の頃から「自分の生き方」をしっかり持っていました。社会人になって本格的に始めたサーフィンですが、趣味と生活を一体化した「住まい」という夢を実現したのです。

往復の通勤に1日4時間など論外と言う人は多いでしょうが、最近はリモートワークが中心となっているようです。それ以上に、先輩にとって目の前に波乗りができる海があることが、何物にも代えがたい価値なのでしょう。

住宅観が固まったら、徹底的に探す

自分と対話し、住宅観を構築することができ、いよいよ住宅を購入したり、転居したりを考える段階に入ったら、**自分が望む家を、それに最も近い家を徹底的に探すことです。妥協はなるべくしないほうがいい。**いい物件を見つけるための内緒でお伝えできるようなスペシャルな方法はありません。とにかく、住みたい街や地域が決まったら、仲介会社が運営するサイトを徹底的に見たり、地元の複数の不動産屋さんに希望を伝えたり、物件が出るたびに労を惜しまず足繁く通うことです。

1~2件見るだけで、運命や縁を感じて即決してしまう人がいますが、たくさん見れば見るほど、その地域でのマンションなり、一戸建て住宅の相場感が肌で分かるようになります。相場が分からなければ、紹介された物件が買い得なのか、割高なのかも判断できません。大きな買い物ですから、時間と労力を惜しむべきではないのです。

第2章

持ち家か、賃貸か

——どちらを選ぶかで人生観が表れる

持ち家、賃貸、どっちがお得？

持ち家か、賃貸か、どちらがいいのか——。自分の住宅観を構築する際、「最大の悩みどころはここだ」と言う人は多いでしょう。

どちらを選ぶかで、その人の人生観が表れるとも言えます。特に地方出身で首都圏などの大都市圏で働く会社員にとっては大きなテーマです。転勤が多いかどうか、家族構成、実家はどうするなど、個々の事情があるため一概には言えません。

先述しましたが、もちろん、賃貸住宅に住む人の大半は、進学や就職での転居、あるいは、その後の独身の期間、そして結婚してしばらく、という期間に「長く住む」という感覚はなく住んでいることでしょう。

この期間は、まだオプションの多い期間ですから「自宅購入」を考えることは稀で、「利便性」のいい場所の賃貸住宅に住むことは妥当な選択でしょう。

しかし、転勤を気にしなくてもよく、例えば4人家族、ダブルインカム（複数収入）

なら、持ち家の方がメリットは大きいと思います。その一方で、理由は後に詳述しますが、自営業者の場合は家賃の一部が事業の経費になり、節税対策になるので賃貸のほうが得です。

賃貸暮らしは1年に17日分早く老化

「はじめに」でも紹介しましたが、オーストラリアの研究グループによる〝恐ろしい〟論文が日本でも雑誌に掲載されるなどして話題になりました。**賃貸住宅に住み続けた人は、持ち家の人よりも早死にするという研究結果**です。

オーストラリア・アデレード大学の研究チームが2023年10月、イギリスの名門医学誌『疫学公衆衛生ジャーナル』で発表した論文によると、賃貸住宅居住者は持ち家居住者と比べ、年間0・045歳、17日分早く老化しているそうです。

ちなみに、アデレード大学は世界大学ランキングで最もポピュラーなイギリスの「THE 世界大学ランキング（Times Higher Education World University Rankings）」（2023年版）で、世界88位にランクされている名門校です。日本の大学でトップ10

０入りしているのは、東大（39位）と京大（68位）の２校だけ。これだけで信用できるのか、という声もあるかもしれませんが、医学雑誌では細かな査読もありますので、基本的に信用してもいいのではないでしょうか。

研究チームは30年近くの期間、イギリス在住の老若男女１４００人をサンプルに、仕事や経済状況、教育水準、食生活、喫煙飲酒の習慣などを追跡調査しました。さらに、協力者から定期的な血液サンプルの提供を受け、「老化」の指標となる物質の増減も分析したそうです。

その結果ですが、例えば、喫煙歴のある人は、ない人に比べて1年に０・０２１歳分早く老化しており、失業を経験した人は1年に０・０２７歳です。

ここまでは、なんとなく分かることで驚くほどのことではありません。びっくりしたのは、その後です。先述したように、賃貸住宅に住んでいるか、持ち家に住んでいるかで、老化のスピードに違いがあったことです。**賃貸住宅に住んでいる人は持ち家の人よりも、年間、17日分早く老化しているというのです。**賃貸住宅はタバコよりも寿命に悪影響を与えるということです。

原因は「ストレス」と「不安」

研究チームは賃貸住宅居住者の老化のスピードが早い原因を「毎月の賃料の支払いに対するストレスや、賃料の上昇や契約延長に対する不安」などと分析しています。

そのほかに、同じ持ち家でも壁が隣の家と壁が接している長屋タイプの人が0・004歳、寝室が3人当たり1部屋以下の場合は0・012歳老化が早いことも報告されています。これらもストレスの一種と言えます。

研究結果は、どこに住むか、どんな家に住むか、住環境が人の健康や人生にとって、いかに重要であるかを示しています。仕事が1日8〜9時間、通勤に2時間と考えても、家で過ごす時間は寝る時間も含めて1日13〜14時間です。つまり、人生の半分以上は家で過ごすわけですから、当たり前のことでしょう。

経済的合理性で考えてみれば

住宅を購入する動機で断然多いのは「家賃がもったいないから」という理由でしょ

う。多くの人が「家賃がもったいない」と思っているからといって、本当に、賃貸より持ち家の方が経済的合理性に優れているのでしょうか。経済的合理性は多数決で決めるような問題ではありませんが、多くの人が抱く「家賃はもったいない」という感覚は、経済的合理性の観点からも間違っていません。

持ち家の場合、自分の所有する不動産に対する税金、借入利息、そのほか経費を支払いますが、それらは自分が所有するために必要な費用です。賃料にそれらが理論上、上乗せされていると考えるなら、「他人＝賃貸オーナーの不動産」の維持管理コスト、利息、税金などを代わりに払っているといえるかもしれません。

こう考えると、「持ち家に住むのがいい」「家賃はもったいない」と考えるのは至極まっとうです。

新築マンションの高騰で、賃貸が割安に

近年、特に大都市部では「賃貸物件の方がオトク」という逆転現象が起こっています。分譲マンション価格が高騰しているからです。後を追うように、分譲マンション

の賃貸物件の賃料も2022年以降大きく上昇していますが、それでもマンション価格上昇と比較すれば、まだ割安感があります。

マンション価格高騰の現状については後に詳述しますが、パワーカップル（夫婦ともに高収入のカップル）がペアローン（夫妻合算ローン）で購入していることや、株高でキャピタルゲイン（資産を売却することによって得られる売買差益のこと）を得た富裕層が運用資金を不動産投資に回したり、円安で海外マネーが日本の不動産市場に流入したりしたことで、ここ数年、マンション価格は全体的に、かつ全国の主要都市で高騰しています。

一方、マンション価格が高騰した、つまり、資産価値が上がったからといって、賃貸借契約があるため、すでに貸し出している賃貸物件の家賃を上げることはできません。マンション価格の高騰を受け、徐々に賃料も上がっていくことが予想されますが、そのスピードは、市場原理に直ちに従うマンション価格の高騰とは、多少遅れます。そのギャップのため、近年、都市部では賃貸の方が割安感があります。

また、賃貸物件の建設費は分譲物件よりも安く仕上げますから、利便性や広さなどが同じ条件なら、部屋での生活の質・満足度を別とすれば割安になるとも言えます。しかし、マンションにおいて賃貸が持ち家（所有）よりも割安なのは、あくまで近年の一時的な現象と考えるべきです。

長く続く可能性がないわけではありませんが、3年もすれば落ち着くでしょう。まあ、時期を正確に予想することはできませんが。また、今後、マンション価格が下落しないとは限りません。また、現在は緩《ゆる》やかに上昇している賃料も理屈ではなく市場性で決まりますから、継続賃貸借契約（後述します）はともかく新規賃貸借契約の賃料が一気に高騰する可能性もあります。

つまり、マンション価格も賃料も、そのときどきの社会経済状況に大きな影響を受け、市場価格で決まるため、近年のように例外的に、一時的に賃貸が割安になることはあるにしても、物件価値から判断すれば、理論上は、賃貸が結果的に割高となってしまうことに変わりはありません。その意味で、「家賃はもったいない」という感覚は間違っていないのです。

持ち家は自分自身を借主とする優良な賃貸事業

見方を変えて、住宅の購入を、自分自身を借主とした賃貸事業だと考えると経済的合理性はより明確になります。家主が得る利益は自分のものとなり、滞納や空室のリスクはなく、さらに一般の賃貸事業よりも金利の優遇が得られる、極めて有利で確実性の高い賃貸事業だということができます。また、現在も引き続き、住宅ローンを借りれば「住宅ローン減税」もあります。

さらに、賃貸の場合は20年、30年住んでも、家賃の支払いがずっと必要ですが、持ち家の場合はローンを完済した後は、修繕費や維持管理費、固定資産税などのほかに住居費はかかりません。ただし、古くなるとメンテナンス費が多くかかる可能性は高くなります。

例えば、40歳で4000万円のマンションを購入する場合と、15万円の賃貸マンションを借りる場合をシミュレーションしてみましょう（注：シミュレーションは一例としてお考えください。また税率は一定と仮定）。

購入の場合、自己資金を６００万円（頭金４００万円、諸費用２００万円）、借入金３６００万円とし、返済期間を35年とすると、35年間でかかる総費用は約６６９０万円です。内訳は、自己資金６００万円、３６００万円を現時点（２０２４年８月）での「フラット35」の金利１・85％で借りた場合、支払総額は約４９００万円、35年間の管理費・修繕積立金（月額２万円）は合計８４０万円、固定資産税（年額約10万円と仮定、また一定と仮定）は35年分の３５０万円です。

他方、４０００万円の分譲マンションと同等の賃貸物件の家賃を15万円と想定すると、35年間の支払総額は６６１５万円です。内訳は、初期費用の敷金・礼金が各２カ月で60万円、家賃が月額15万円の35年分で６３００万円、２年（計17年分として計算）に15万円必要な更新料が計２５５万円です。

シミュレーションしてみるとよく分かりますが、35年間の支払総額はほぼ同じですが、その後が違います。購入の場合、36年目、つまり76歳からは管理費・修繕積立金（これらが一定と仮定）と、固定資産税の年額35万円、月３万円弱で住み続けることができますが、賃貸の場合、家賃と更新料（一般的には２年か３年ごと）を合わせて、年平均187万8000円を払い続けなければなりません。

さらに家賃は値上がりするリスクがありますが、住宅ローンは固定金利にした場合、金利が上がるリスクがないことも見逃すことはできません。

見方を変えると、持ち家のローンは形を変えた個人年金の積み立てと考えることもできます。配当は、もちろん、ローン返済後の住居費です。さらに、極めて有利な生命保険と考えることもできます。大半の住宅ローンでは団体生命保険が付帯しているため、万が一、借主が死亡した場合、返済義務がなくなるからです。

また、ローンがなくなった住宅は遺族が相続できますが、賃貸住宅では、借主が亡くなった後も家族は家賃を払い続けなければなりません。

自営業者は賃貸が得

このように考えると、経済的合理性から賃貸よりも持ち家の方が有利なことは間違いありません。

しかし、住宅を自宅兼事務所としている自営業者の場合は例外です。賃貸が断然、おススメです。自営業者は事務所として利用している部分の賃貸料を経費として収入(売上)額から差し引くことができるため、税額を抑えることができるからです(各種条件があります)。

例えば、事務所兼自宅の賃貸料が30万円で、うち事務所として利用する割合を50％だとすると、月額15万円、年額180万円を経費に計上することができます。所得税率が10％なら年間18万円、20％なら36万円、税額が低くなる計算(概算)です。

自営業者の場合、例えば、収入が1000万円なら、経費は概ね500万円ほど。所得金額が500万円なら税率20％、控除額が約43万円ですから、税額は57万円です。自宅兼事務所を賃貸にした場合の節税額36万円は、かなり大きな効果と言えます(シミュレーションは一例です。詳細は税理士などにご確認ください)。

賃貸住宅に住むメリット——減らない賃貸住宅需要の理由

賃貸住宅に住むメリットは、やはり、移動(転居)が容易であるということでしょう。まだライフスタイルにおける不確定要素が多い段階での住まいとしては、賃貸住宅が向いています。

不確定要素としては、若年層なら今の仕事（会社）に勤務し続けるのかどうか、転勤の可能性、結婚などです。結婚した後では、子供の数や進学など、転職の可能性などです。

また序章でも書きましたが、近年未婚率の上昇は著しいものがあります。やはり、独身者においては、「賃貸住宅を選ぶ」という人が多いでしょう。

このように考えると、**人口減少下においても、賃貸住宅需要が減ることは、ないものと考えられます。**

いつまでに購入すればいいか

結論から言うと、ファミリー世帯の給与所得者（会社員）の場合、経済的合理性を考えると、遅くても40代半ばまでには持ち家を購入したほうがいい。

40代半ばに差し掛かると、残りの人生の展望はおよそ予想がつきます。会社員なら、退職までの収入もある程度、予想できるようになる年齢です（どれくらい出世しそうか

＝収入がありそうか、などもあわせて）。

40代半ば以降は子供の人数もこの先増える可能性は少ないですし、子供が大学を卒業するまでにかかる学費や生活費も、定年退職後に受給できる年金の額もおおよそ見当がつきます。このあたりまでに、自分の将来的な経済状況に見合った家を購入したほうが、将来のストレスを回避することができます。

定年（65歳として）後の人生が20～25年続くことを考えると、賃貸はリスクが大きすぎます。家賃が払いきれず、高齢になってから狭い部屋に転居せざるを得ないということになりかねません。

タイムリミット――人生の逆算

経済的観点からも、家族があっても、単身者でも、会社員の人は、45歳くらいまでには持ち家を購入したほうがいいと考えます。たいていの場合、住宅ローンは一般的には79歳までしか組めませんから、45歳で購入すると最大でも34年の返済です。

現金払いの場合は別ですが、65歳の定年後に持ち家を購入するとなると、ローンを借りれば返済期間はマックス14年です。当然、頭金を多く入れなければ、月々の支払額は膨大になります。

会社勤めの人は「持ち家一択」と考えていいでしょう。規模の小さな企業でも、きちんと勤務している会社員は、銀行の与信が高いため、住宅ローンが組めないことはほとんどありません。

特に、将来、フリーランスになることを考えているような場合は、会社勤めのうちに持ち家を購入し、ローンを組んでおくことが賢明です。

大切なのは、自分と家族の将来をイメージし、人生を逆算して決断することです。逆算のできるような生き方をしていないと、安定した生活は難しくなります。不安定な生活はストレスです。**場当たり的な生き方、「今が良ければそれでいい」といった人生観では、家選びを失敗してしまいます。**

孤独死のリスクも考えて

単身者の場合、孤独死に対する不安も大きくなります。孤独死のリスクは賃貸でも持ち家でも変わりませんが、違いが出るのはその後です。

賃貸住宅はただでさえ隣近所との付き合いが希薄な上、地域組織からは切り離されている場合が多く、助け合う体制も脆弱《ぜいじゃく》です。

普通に生活していたのに、例えば心筋梗塞《こうそく》や脳梗塞で急死してしまった後、何カ月も見過ごされた後に発見されるというような最期を迎えることになりかねません。

持ち家で、ご近所付き合いもあり、自治会に参加していれば、回覧板やゴミ出し当番、見守りや声がけなど、互いの無事を確認し合う仕組みや活動があるため、少なくとも、突然死の後、しばらく放置されるようなことにはなりません。

警察庁によると、2024年、自宅で亡くなる1人暮らしの高齢者が、推計でおよそ6万8000人に上る可能性があることを明らかにしました(2024年5月発表)。

こう考えると、単身者も45歳くらいまでに持ち家を購入するといいでしょう。

今は家族がいても、やがて子供が独立して家を離れ、パートナーに先立たれる可能性も低くはないのです。

賃貸住宅需要・家賃上昇が止まらない理由

年齢を重ねると賃貸を借りるハードルは高くなる

住居費は賃料であれ、住宅ローンの支払いであれ、毎月一定額を支出しなければならないので、この点は同じです。しかし、先述したように、40歳35年ローンで住宅を購入した場合、75歳でローンの返済を終えた後は、住まいにかかる費用は非常に少なくなります。

マンションでは修繕積立金や管理費、固定資産税などを除けば、ほとんど住居管理費はかかりません。しかも、それが資産性の高い物件なら、引退後、その家を売却し、郊外や地元に終の棲家を持つこともできます。

また、**持ち家を所有していれば、老後の資金に余裕がなくなってきた際に、「リバースモーゲージ」を活用することもできます。**リバースモーゲージとは、自宅を担保にして、自治体や銀行、リバースモーゲージ専門会社などの金融機関からおカネを借り、死亡後（または契約満了時）に自宅を売却して返済する仕組みです。契約時に一括で受け取ったり、年金という形で定期的に受け取ったりすることができます。年金形式にした場合、借入金の残高が徐々に増えていくため「リバース」と呼ばれているようです。

ところが、賃貸の場合、そうはいきません。定年後も家賃は払い続けなければなりません。公的年金のほかに給料と同水準となる個人年金を積んでいれば別ですが、そうでない限り、現役時代に住んでいた物件の家賃を払い続けるのは大変です。

子供が独立し、夫婦2人になって狭い家に転居したとしても、年金だけで月々の支出を賄《まかな》いきれず、預貯金を切り崩す生活になった場合、2人とも長寿に恵まれたりすると、大変なことになってしまう恐れがあります。

さらに、賃貸の場合、定年退職後に都会の喧騒を離れて、郊外や地方ののんびりとした場所で暮らしたいと考えても、簡単にはいきません。

賃貸住宅の市場の現状を考えると、年齢を重ねれば重ねるほど、民間の賃貸住宅を借りるハードルは高くなるからです。借主が定年後の65歳を超えると、ハードルは一気に高くなります。

さらに、例えば、80歳を超えた夫妻の片方が亡くなった後、家賃負担を軽くするために小さな家や部屋を借りたいと思っても、その希望がかなえられる可能性は限りなく低いと覚悟すべきです。現状では80歳を超えた単身者が、新たに賃貸物件に入居することはとても困難のようです。

賃貸のメリットは**「ライフステージに合わせ、引越しを繰り返すことができる自由度にある」**と考える人は少なくありませんが、**そうした自由が許されるのは定年くらいまでです。**

家賃上昇の背景

賃貸住宅には家賃の値上がりの可能性があることも要注意です。退職後の家計を考えると大変なリスクです。

特に近年、賃料は高騰しています。2023年の年間の消費者物価指数で、賃貸住宅の家賃を示す指数が前年比0・1％上昇しました。実に25年ぶりの上昇です。

家賃の上昇は都市部で顕著ですが、今後は地方都市にも波及していくと予想されます。東京では70平米前後のファミリータイプと呼ばれる2LDKか3DK程度の物件の新規賃料が、23年の一年間で前年比6～7％も上昇しています。新規契約の場合、家賃20万円で契約できた物件が、計算上では1年後には21万4000円、2年後には22万9000円、上昇しているというわけです。

すでに賃貸住宅を借りて住んでいる場合も、契約更新の際に、家賃の値上げを打診される可能性が高まります。賃料値上げには双方の合意が必要ですから、一方的に通告されることはありませんが、周辺の新規契約物件の相場の影響を受けることは必至です。

家賃上昇の背景には、もちろん物価全般の上昇があります。過去のデータから物価上昇期には、家賃が遅れて上昇することが知られています。今般の物価の上昇は2021年の後半から始まりましたが、全国消費者物価指数を見ると、ウエイト（寄与率）で20％超を占める家賃（帰属家賃含む）の月次指数は22年11月の時点でプラスに転じ、その後、多少の上下はありましたが、23年4月以降は上昇し続けています。物価上昇は24年8月現在も続いていますから、少なくとも、まだしばらくは上昇傾向にあると思われます。

シンクタンクなどの調査からも家賃上昇の実態は明らかです。住宅・不動産情報ポータルサイトを運営するライフル社が独自の調査から公表しているデータ（ＬＩＦＵＬＬ公式サイトのニュース　２０２４年４月25日／https://lifull.com/news/32569/）によると、東京23区ファミリー向け物件の賃料は１年間で３・２万円も上昇しています。

具体的に見ると、平均賃料が２０２３年３月の約18万円から２０２４年３月には約21万２０００円に上昇したようです。１・18倍です。

埼玉県は約８万円から約８万９０００円、神奈川県が約９万３０００円から約10万円、千葉県も約８万円から約８万６０００円に上昇しています。

関西圏では大阪府が約８万１０００円から約８万５０００円、京都府が約８万３０００円から約８万８０００円、中京の愛知県も約７万１０００円から約７万５０００円まで上昇。

前年を１００％とした指数で上昇率が高い順に並べてみると、東京都１１７％、埼玉県１１０・８％、神奈川県１１０・６％、千葉県１０７・９％と首都圏が上位を占め、以下、京都府105・7%、愛知県105・3%、大阪府104・3%と続いています。

ストレスフリーの持ち家

持ち家のメリットは経済的な側面だけではなく、精神的なメリットも見逃せません。

持ち家の所有者は自分ですから、持ち主に気を遣わずに好きなように使うことができます。

しかし、賃貸物件の場合は、解約時に経年劣化で仕方のないところは別として、「現状回復」して明けわたすのが原則ですから、壁に穴があいていたり、襖《ふすま》が破れていたりすると修繕しなければなりません。一般的には、修繕費は敷金で相殺されます。

ですから、小さなことでは、壁に画鋲《がびょう》を刺すにも気を遣わなければなりません。壁紙を好きな色や模様に張り替えることも、和室を洋室にリフォームすることもできません。そんな生活を続けるのは結構なストレスになります。

その点、持ち家なら、日々過ごす場所を誰に気兼ねすることもなく自由に使えます。実に大きなメリットです。

持ち家比率が安定しているワケ

持ち家志向が増えている

総務省のデータでは、2018年の持ち家比率は61・2%でした。40年前の1978年にさかのぼっても60・4%で、持ち家比率は過去半世紀にわたり60%前後で安定しています。

近年の傾向としては、30歳未満の持ち家比率が増加していることがあげられます。

総務省の家計調査によると、世帯主が29歳以下で、家族2人以上の世帯の持ち家率は、2023年に35・2%で、比較可能な2000年以降の過去最高を記録しました（「日本経済新聞」2024年3月22日付）。

23年は住宅価格の高騰が顕著だったにもかかわらず、前年よりも大きく伸びました。17年から7年連続で30%を超えており、世帯主30歳未満の世帯の3世帯に1世帯がマイホームを手にしている計算です。背景には、賃上げのほか、若い世代間で住宅に対する資産形成の意識が浸透していることが考えられます。

住宅ローン減税と低金利

持ち家比率が半世紀にわたり安定している背景としては、住宅ローン減税、住宅の供給が堅調だったこと、低金利、金融機関の積極的な融資、「人生100年時代」に賃貸は老後の生活のリスクになるとの認識の広がりなどを上げることができます。

日本では、政府が一貫して持ち家を推奨してきた歴史があります。1970年代の「住宅取得控除」に始まり、住宅ローン控除、住宅ローン減税など、住宅取得のための優遇税制は名前を変えつつも、長年政府の施策であり、現在もそうです。

現行の制度では、2024年6月現在で、毎年の住宅ローン残高の0・7％が、最大13年間、所得税から控除されます。ローンの残高が3000万円の場合、所得税は21万円控除される計算です。

家族構成により異なりますが、年収700万円の場合、所得税は単身者で31万400円、夫妻と子供2人の4人家族なら23万円です（2024年の税制に基づいて計算。

変更の可能性があります）から、所得税控除は大きな魅力です。ペアローンなら夫婦それぞれの所得で借りているローン残高の案分により控除されます。

いわゆるバブル経済が崩壊した１９９０年代初頭以降、一貫して続いてきた低金利時代も持ち家購入を後押ししてきました。

たとえば、バブル末期の１９９０年には、当時の公的住宅ローンだった旧住宅金融公庫の基準金利は５％台でしたから、３０００万円を35年で返済する場合、支払総額は、保証料や手数料を含め約６４００万円でした。ところが、１９９０年代後半には一時、２％台にまで下がり、支払総額は約４２００万円と、10年足らずの間に２２００万円以上、支払総額が減ったことになります。住宅金融公庫の事業を引き継いだ住宅金融支援機構の「フラット35」（返済期間は21～35年分）の金利は１・85％（２０２４年８月時点の最頻《さいひん》金利）ですから、返済総額（概算）は４１００万円です。

ただし、低金利時代が長く続いたということは、不景気な時代が長く続いたということでもありますから、この期間、住宅の購入件数自体は減少しましたが、低金利でなければ、不動産市場がさらに冷え込んでいたことは疑いを得ません。

女性の社会進出とペアローン

さらに、失われた30年の時代に、女性の社会進出が劇的に高まったことも、持ち家購入増加の遠因と言えます。30年前は、女性の多くは結婚・出産を機に退職するのが一般的でした。しかし、今は違い、ダブルインカムが当たり前です。

30年前にも、夫妻の双方が借り手になるペアローンはありましたが、出産を機に退職が当たり前だった当時は、利用する人はそれほど多くありませんでした。また、金融機関もリスクが高いと判断して、ペアローンを積極的に勧めることはなかったようです。しかし、今では、金融機関もペアローン融資に積極的で、多くの夫婦が利用しています。

女性の社会進出は、都市部の住宅の需要を高めた側面もあります。専業主婦が多かった時代は、ちょっと遠くても郊外に一戸建ての家を購入し、夫が満員電車に揺られて通勤するというのが平均的な姿でしたが、ダブルインカムが一般的になった現代では、勤務先に近くて保育所が多く、子育てのしやすい都市部に住宅を求める人が多くなっているからです。

都市部でのマンションの資産価値が向上

都市部ではマンションの資産価値が上がっていることも、持ち家購入を後押ししています。一戸建ては今も多少その傾向が残っていますが、かつてはマンションも新築で購入すると毎年、その価値が下がった時期もありました。しかし、マンションの資産価値は需要のあるエリアでは上昇を続けています。ちなみに、22年以降は住宅地地価上昇に伴い、都市部での一戸建て住宅も資産価値が上昇傾向にあります。

その理由は新築マンションの販売価格の上昇にあります。また、新築マンションの売価の上昇などの理由（後述します）により、中古物件の売価も上昇しているため、資産価値が下がりにくい状況となっているのです。資産価値の目減りが少ないことは、買い手の安心感につながるため、分譲マンションを購入する人が増えるわけです。

国土交通省が公表している不動産価格指数（図1参照）を見ると、全国平均で、2010年の平均を100としたマンション（区分所有）の価格は、2024年3月には198まで上昇しました。13年でほぼ2倍膨れ上がったことになります。大都市部だけでなく、北海道や東北、中国、九州・沖縄地方でも値上がりは顕著で、不動産価格指数は北海道が256、東北248、中国209、九州・沖縄239です。大都市部では、関東地方は192、近畿は203と、2010年と比べて大きく値上がりしていることに変わりません。ちなみに、同じ指数で一戸建て住宅は120〜130程度となっており、大きな差があります。

マンション価格が上昇しているということは、価格の高騰にもかかわらずマンション需要が旺盛であるということです。

マンション価格は2013年頃から上昇し始めました。上昇が3年くらい続いた2015年頃には、買い控えの気配もありました。「そのうち下がるだろうから、もうしばらく待とう」と考えたり、反対に「ここまで高くなったら手を出せないな」と諦めたりする人が多かったのです。しかし、その後、買い控えの気配はなくなりました。20年春〜夏期の新型コロナウイルスの影響が大きかった頃を除き、マンション価格は一貫して上昇を続けています。

図1　全国のマンション価格の相場はどれくらい？ 2010年平均＝100

	住宅総合		住宅地		戸建住宅		マンション（区分所有）	
	不動産価格指数（住宅）	対前月比（%）	不動産価格指数（住宅）	対前月比（%）	不動産価格指数（住宅）	対前月比（%）	不動産価格指数（住宅）	対前月比（%）
全国	137.4	0.4	117.3	0.7	115.8	1.2	197.9	▲0.7
ブロック別								
北海道地方	147.7	▲3.0	119.8	▲2.7	132.0	▲7.4	256.6	▲1.7
東北地方	135.7	3.1	128.2	3.8	120.2	1.6	248.6	3.2
関東地方	144.3	1.4	124.2	1.2	118.7	3.7	191.8	▲1.2
北陸地方	125.8	▲3.3	(120.7)	(▲2.2)	(116.1)	(▲7.9)	(217.7)	(17.8)
中部地方	110.4	▲1.9	95.5	▲1.5	103.3	▲1.6	191.5	▲0.8
近畿地方	138.8	0.1	117.8	0.7	116.8	▲2.0	202.9	2.1
中国地方	119.7	2.7	105.8	5.2	110.5	3.8	(209.9)	(▲3.6)
四国地方	112.7	8.7	(101.3)	(18.6)	106.4	5.8	(199.9)	(3.8)
九州・沖縄地方	131.5	▲5.7	116.6	▲3.1	108.5	▲2.2	239.0	▲6.4
都市圏別								
南関東圏	148.6	1.2	130.1	1.1	122.4	2.9	191.9	▲1.3
名古屋圏	116.7	▲1.2	102.1	▲1.6	109.0	▲1.2	181.7	1.2
京阪神圏	143.1	▲0.2	122.3	▲2.5	121.0	▲0.3	200.1	1.4
都道府県別								
東京都	160.2	0.3	136.9	▲0.5	127.4	0.6	198.1	▲0.3
愛知県	122.6	▲0.6	108.7	▲4.0	111.4	0.1	187.9	0.3
大阪府	143.9	▲1.5	127.2	▲3.8	115.5	▲3.3	199.7	1.5

参照：国土交通省「不動産価格指数」（2024年3月分）

世帯所得も上昇しており、また金利も安いことから「買うなら今かな」と考える人が増えたのに加え、投資や資産価値の観点からも「高過ぎるから今、買うのは損」と考えるよりも、「まだ、上昇しそうだから今が買い時」と判断する人が多くなっているのが現状のようです。

海外投資家にとってお宝物件

東京や大阪などの大都市部でのマンション価格の上昇の背景には、海外、特にアジア各国の投資家の存在も大きいと思われます。円安で割安になった日本のマンションをアジアの投資家が買っています。

2012年には1ドル80円だった為替相場は、24年6月には160円を超える水準に達しています（その後、8月末には140円台半ばで推移）。

一方、日本では2011年以降、マンションは安定して供給され続けています。2008年のリーマンショック以前は、分譲マンションの年間新設着工戸数（全国合計）は17万～24万戸あたりで推移していましたが、リーマンショックの翌2009年には6万7000戸まで落ち込みました。しかし、2011年には約12万戸まで回復し、その後は毎年11万戸前後と安定した供給が続いています（戸数は国土交通省「令和5年度　住宅経済関連データ」より）。そのマンションは海外投資家にとっては買いやすい物件となっているようです。

実際、デベロッパーや不動産流通関係者の話では、アジア各国の投資家が首都圏や関西の大都市の新築の区分マンションを購入するケースが増えているそうです。また、台湾や香港の投資家は首都圏の賃貸住宅物件も盛んに購入しているようです。

図2　マンション／高級住宅(ハイエンドクラス)の価格水準の比較

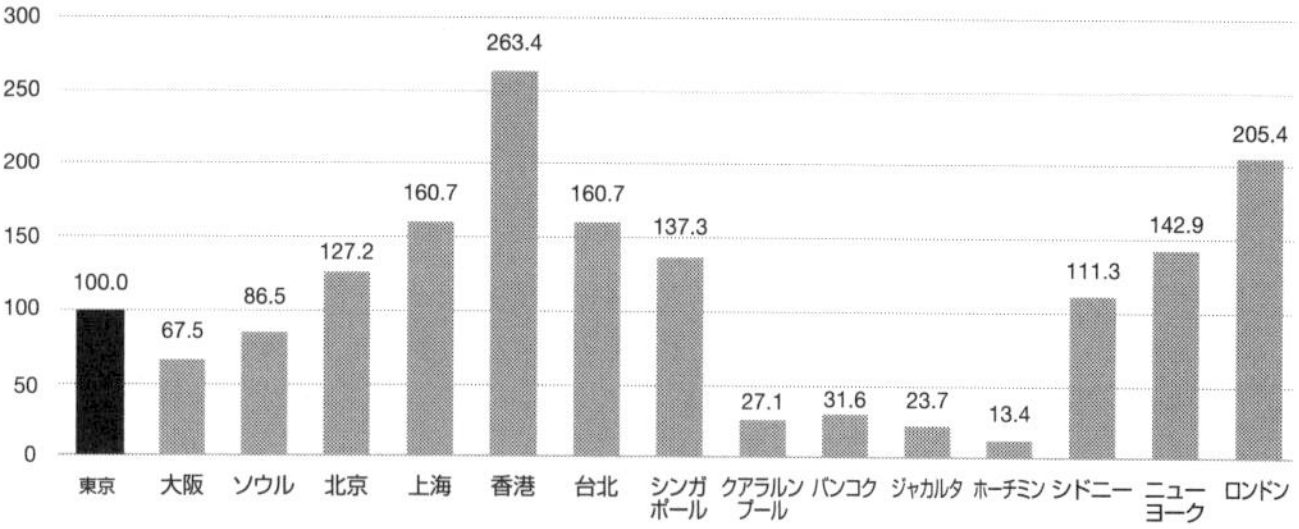

(財)日本不動産研究所「国際不動産価格賃料指数」(2023年11月29日公表)

アジア各地の投資家が日本の不動産を購入するのは「円安」の影響が大きく、加えて「急騰している自国の不動産に比べて、日本の大都市の不動産の方が安いから」です。

（財）日本不動産研究所が公表している「国際不動産価格賃料指数」（２０２３年11月29日公表）を見ると、日本の不動産がいかに割安なのかがよく分かります。国際不動産価格賃料指数は、国際的な主要都市の住宅の価格や賃料を指数化したもので、不動産価格を国際的に比較することができます。

図２、３のグラフは、各都市のマンション・高級住宅の価格水準（１戸の専有面積あたりの分譲単価）と賃料水準（同賃料単価）です。

まずは、価格水準（図２）です。東京を１００とすると、大阪67・5、北京127・2、上海160・7、香港は実に263・4です。つまり、香港のマンションは東京のマンションよりも2・6倍高いということです。ちなみに、東京の調査地点は、日本有数の高額マンションエリアである港区元麻布です。ほかにアジアの主要都市では、ソウル86・5、台北160・7、シンガポール137・3です。

東京や大阪に投資が集中している要因は割安だけではありません。値上がりが期待できることも要因の一つです。前回（23年4月）調査よりも、東京は1・2%、大阪は2・7%と値上がりし、変動率は調査対象の15都市の中で1位と2位です。**特に大阪は、海外投資家の投資熱が高いと言われています。円安という好条件の下、2025年の大阪万博やカジノを含むIR（統合型リゾート）の開業を控えていることへの期待感も後押ししています。**

次に賃料水準（図3）です。同じく東京都港区元麻布を100としています。大阪の価格水準は67・5でしたが、賃料水準は93・8で東京とあまり変わりません。価格は安いのに賃料は変わらないということは、投資不動産＝賃貸物件として優良だということです。東京と比べて価格は高いのに賃料が安いとなれば、大阪とは逆に賃貸物

図3　マンション／高級住宅(ハイエンドクラス)の賃料水準の比較

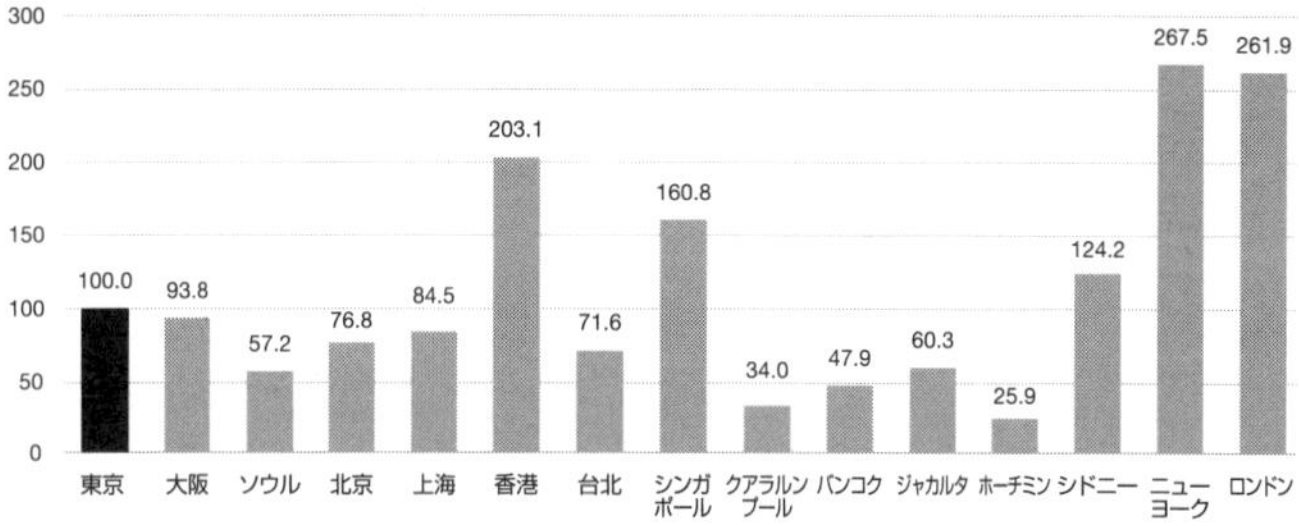

(財)日本不動産研究所「国際不動産価格賃料指数」(2023年11月29日)

件としては魅力は少なくなります。

このような状況が、円安とあいまって、日本への投資熱を高めています。今後、行き過ぎた円安は徐々に是正されるでしょうが、それを差し引いても、アジア各国の投資家の投資熱はしばらく続くと予想されます。

家賃の上昇が持ち家購入の動機に

住宅賃料が上昇基調に転じたことも、住宅購入の動機となります。先述したように、マンション賃料も22年頃から上昇が顕著となりました。**マンション価格上昇により、物件価格が上昇すれば、賃料もやや遅れて連動し、上昇するのは必然です。**

マンション価格の推移を考えると遅すぎるくらいですが、賃料に影響するのは物件価格だけではないので、そう単純でもありません。

需要と供給のバランスや、物価も賃料に大きな影響を与えますが、2021年まで続いていた長期にわたるデフレが、賃料上昇の重しになっていたのです。22年頃から賃料の上昇が始まったのは、21年後半からの物価上昇により、その重しが取り除かれたからだと考えられます。

家賃の上昇は持ち家購入の動機となります。というのも、マンション価格が上昇を続け、それに連動して賃料が上昇基調になると「賃料を払うのはもったいない」と考える人が増えてくるからです。特に、若年層を中心に「今のうちに買う方が得策」と考える人も増えているようです。

「新規賃料」と「継続賃料」

あまり知られていないことですが、住宅賃料には2つの賃料があります。「新規賃料」と「継続賃料」です。

「新規賃料」とは、文字通り新規契約の際の賃料、「継続賃料」とは契約更新時の際に提示される賃料のことです。同じマンションの同じ階で同じ間取りの部屋でも、賃料が違うケースがあるということです。賃料が上昇基調のときには新規賃料が割高になり、下降基調のときには継続賃料の方が割高になります。

新規賃料は「入れ替え時賃料」とも言われ、借りる方が変わる時に適用される賃料です。周辺の賃料相場や不動産市況など需給のバランスによって決まります。

近年はファミリータイプの需要が大きくなっている状況にあるため、その新規賃料の上昇が顕著になっています。

入れ替え時には、少なくとも補修・修繕・メンテナンスなどを行いますが、最近では、ファミリータイプの需要増を受け、多少費用がかかっても水まわり設備を入れ替えたり、リノベーション工事を行ったりした「リノベ物件」として、賃料を大幅に上げる例も見られます。

他方、「継続賃料」は更新賃料とも言われ、同じ人が住み続ける時の更新時に適用されます。一般には2年ごとの契約更新時に提示する賃料です。

更新時賃料を値上げする場合は「相応の理由がある」ことが求められ、「双方の合意に基づくこと」が必要になるため、貸し手の要求に対して賃借人の同意が得られない場合もあることから、賃料上昇基調時においても上昇幅は小さくなる傾向にあります。

首都圏や関西圏などの大都市圏で賃貸住宅に住んでいる人の中には地方出身者も多いことは周知の事実であり、また、近年は結婚しない人も多いのでひと括《くく》りには言えませんが、地方出身者が進学や就職などで都市部に転入してきた場合、結婚するまでの平均的な転居回数は3回前後です。地方出身者が都市部の大学などに進学する場合、多くの人は学校近隣の賃貸住宅に住みます。都心にキャンパスがある場合は、電車通学を前提に郊外に住むケースも多いでしょう。

卒業後も同地域の企業に就職する場合は、学生時代に住んでいた賃貸住宅に住み続ける人も多いようですが、就職して数年を経て給料や貯蓄が増えると、少し広めの部屋や通勤に便利な場所に転居する人が増えます。そして、結婚すれば新居に引越しとなります。多くの場合は、賃貸住宅への転居です。

そこで「新規賃料」と「更新賃料」の違いを実感します。例えば、2011年頃に大学入学した人は現在30歳前後ですが、結婚を決めて新居探しを始めると、賃料の高騰に驚くことになります。大学卒業後3年目に転居したとすると、2018年ですから、当時の賃貸住宅市況は下降か停滞基調で、賃料には割安感があったはずです。賃料指数も2022年まではそれほど上昇しておらず、物価も安定していましたから、値上げする「相応の理由」は見当たらず、賃料は据え置かれていたはずです。

しかし、近年の不動産市況は状況が一変しました。先述したように、ファミリータイプの賃貸住宅の賃料が高騰しています。割安感のある単身者向けマンションに住んでいる人が、結婚を機に引っ越すため、ファミリータイプのマンションの賃料を見て腰を抜かすという状況になっているのです。こうした状況も若年層の持ち家志向を後押ししています。

持ち家志向のもう一つの理由

「人生100年時代」の到来

持ち家比率の向上は、持ち家志向の人が増えていることを意味します。その背景は、前節に述べた通りですが、不動産を巡る社会経済状況のほかに、もうひとつ見落としてならないのは、**「人生100年時代」の到来を多くの人が実感するようになったこと**です。

日本人の平均寿命は男性81歳、女性は87歳ですが、これはゼロ歳児の平均寿命です。65歳の平均余命は、2023年のデータで男性19・44歳、女性24・30歳。つまり、65歳で存命なら、男性は平均85歳、女性は90歳近くまで生きるということです。さらに言うと、厚労省の統計によれば、最も多かった死亡時年齢は男性88歳、女性92歳です（2020年の厚生労働省データ）。つまり、多くの人が平均余命より長生きするということです。

少し前に、「老後資金2000万円問題」が社会に大きな不安を与えました。例えば、65歳でリタイアし、残りの人生を夫婦2人で年金暮らしするとします。年金が月額20万円、生活費が30万円とすると、年間120万円の貯金を切り崩すことになります。2000万円だと17年で残高はなくなります。82歳です。

ここでは、生活費30万円として計算しましたが、これには当然、住居費も含まれます。１ＬＤＫの家賃15万円なら、残りは夫婦２人で15万円。あまり余裕のない老後になってしまいます。

他方、持ち家なら管理費や固定資産税は、賃料に比べればさほどの額にはなりませんから、老後の生活は随分変わります。こうした現実が多くの人に認識されるようになったことも持ち家比率向上の遠因となったと考えられます。

第3章

マンションか、一戸建てか

——メリット、デメリットを徹底比較！

マンションか、一戸建てか、どちらに住みたいのか。これは、自身の住宅論を確立するうえで、持ち家か賃貸かの検討で「持ち家」となれば、次のテーマとなります。また「持ち家」＝「住宅購入」ということなので、新築か中古物件かの選択も悩みどころです。

それぞれの魅力と落とし穴

先述したように、かつては賃貸から分譲マンションを経て一戸建て住宅というのが、〝住宅すごろく〟のゴールと多くの人が考えました。

1980年代に土地の価格が高騰し始めた頃、いわゆる団塊の世代が住宅購入を考え始める30歳台後半にさしかかった頃までは、そう考える人が多かったと思います。この世代にとって、マンションは「まだ新しいタイプの住まい」で、幼い頃から学生時代には「大都市にしかない珍しい住まい」でした。昭和40〜50年代の都心の写真を見ると、ほとんどマンションは見られず、住宅といえば木造の一戸建て住宅ばかりです。一般的な世帯は一戸建て住宅に住む、あるいは長屋などの貸家に住む、という環境で育った世代にとって、〝住宅すごろく〟のゴールは必然的に「一戸建て住宅」だったのです。その〝住宅すごろく〟は、バブル期が終わって、しばらくすると様変わりしました。都市部を中心に分譲マンションを「終の棲家」と考える人が増えていったのです。今は聞かれなくなりましたが、90年代に販売された低層の落ち着いたマンションのカタログには「永住型マンション」という言葉が見られました。**「マンションに永住する」ということが、まだ珍しかったというわけです。**

〝住宅すごろく〟のゴールは本当にマンションでいいのか、それとも一戸建てのほうがいいのか――。

不動産は個別要因が強い資産です。そのため、ひと括《くく》りにして判断することはできません。しかし、一般論として資産価値（資産の目減りがしづらいかどうか、あるいは中古物件として販売する時の価格と、新築時価格との比較と言ってもいいでしょう）という観点からでいえば、マンションに軍配があがります。

前章でも述べた通り、都市部など需要が旺盛《おうせい》なエリアでは、ここ10年くらいは購入時より資産価値が上がるという現象が起こっています。しかし、今はよくても、将来的に安心できるとは限りません。資産価値は市場に影響されますから、いつまでも今の状況が続くとは限りません。あるいは、あるマンションの資産価値は上がり続けているけれど、別のマンションは苦戦しているということはよくあることです。

また、共同住宅であるマンションには一戸建て住宅にはないさまざまなリスクがあります。詳細は後述しますが、例えば、15～20年に一度行われる大規模修繕などです。

次に効用の観点、つまり「住まいとして日々過ごす満足度」という観点からでいえば、やはり一戸建てに軍配があがると思います。都市部では、一戸建て住宅で、駅至近という物件は稀《まれ》にしかありません。そのため、駅までの距離や駅から通勤・通学先までの距離・時間といった利便性に劣るという点を差し引いても、周辺環境に恵まれた地域で、広い家での生活は快適です。

資産価値という観点からでは、今はまだ中古住宅における建物の査定は、一般的な木造住宅の場合、20～22年で中古流通時の価格評価はかなり低くなってしまいます

（もちろん例外もあります）。これは、木造住宅の建物の法定減価償却が22年となっているからです。

しかし、今では多くのハウスメーカーが50年保証、60年保証、100年保証、永年保証などを付帯しており、22年で使えなくなるということはほぼあり得なく、また、きちんと維持管理メンテナンスを行えば、50年以上は十分使えるという品質レベルになっています。そのため、減価償却の年数などにおけるルールの変更があれば、査定における価格（つまり資産価値）の目減りも緩やかになる可能性もあります。

これまで再三述べてきましたが、検討する際には、経済的な損得だけでなく、おカネには替えられない価値についても考え抜くことが大切です。第3章では、一戸建てとマンション、それぞれの長所短所を徹底比較します。

子供に残す資産として優位なのは一戸建て

子供に資産を残すべきかについての考え方は人それぞれです。

「なるべく子供たちに多くを残そう」と考える人もいれば、「夫婦での時間を味わうことを主に考えて、子供たちは自立して資産を築く方がいい」と考える人もいます。

しかし、**「土地を残す＝相続する」というのは、相続税などがかかりますが、かなり有効な資産譲渡です。**現金での相続は相続税の節税余地がなく、また現金はインフレに弱い資産です。

土地があれば、そこに賃貸物件を建築して賃料収入を得る資産となります。また子供たちが自宅を建ててもいい、使わないと判断すれば売却してもいい、など、選択肢がいろいろとあります。

不動産市況により土地をはじめマンション価格など不動産価格は値動きします。

特に近年の状況を見れば分かるように、マンション価格が急上昇し、さらに土地価格や一戸建て価格も上昇していますが、その上昇幅は比較的に緩やかです。

「どうして、このような現象が起こるのか」を理解すれば、「残す資産として、どちらが優位なのか」が分かります。

一戸建ての場合、敷地（＝土地）の価値＋建物の価値に近い形で、不動産価値（＝価格）が算定されます。

しかし、マンションの場合は、特にタワーマンションなど大規模物件の一般的な部屋の場合、土地の理論上の割り当て分はわずかな面積であり、当然、単価×面積で計算すれば、土地の価値はわずかとなります。

では、建物の価値はといえば、こちらも全体で割れば（建物なので割ることはできませんが、理論上での話です）、ごくわずかです。

つまり、土地や建物といった物理的な「モノ」の価値の割合は少なく、**マンションの価値（＝価格の持つ意味）は、その空間（専有部＋共用部）を利用する権利の対価が大部分を占めるということです。利用する権利に値段が付くということで、利用したいという需要が多いと価値が上がり、逆の場合は価値が下がります。**

このようにして、マンションの価値は市況に大きく左右されるわけです（この利用する権利を貸しているのが賃貸住宅です）。

つまり、相続するものとして、資産性に安定感があるのは土地ということになり、一戸建てかマンションかで言えば、一戸建てに軍配があがります。

住まいとしての効用

自由を満喫できる効用

次に「日々の暮らし」という観点から見てみましょう。

一戸建てのメリットは、なんといっても間取りや使い方の自由度が高いということです。新築の注文住宅にすれば、設計士と相談しながら自分の好みの家をプランニングしてもらうことができます。庭があったり、屋外に物置を置くことができるのも一戸建ての魅力です。花壇をつくるのも、芝をはるのも、家庭菜園も自由です。バーベキューだってできます。マンションではベランダにプランターを置くことぐらいしかできません。ルーフバルコニー付の部屋もありますが、規制が厳しい上、強風のときには出している物を入れる必要があります。

建売戸建てでも、マンションよりはるかに自分の好みや用途に近いものを選ぶことができます。また、駐車スペースがあれば、車の出し入れはあっという間です。第4

章で詳述しますが、巨大なタワーマンションなら出入りで5分以上かかることはザラです。

中古物件でも、リノベーションの自由度はマンションと比べてはるかに大きいと言えます。まず、リノベーションするのに、隣地に影響がある外回り（外構）を別とすれば、ご近所さんの承諾はいりません。

マンションだと、管理組合の約款にもよりますが、生活レベルやライフステージが似通った人々が集まっていることが多いため、リフォームのニーズも共通することが多くお互い様ですから、トラブルになることはそれほど多くはありませんが、常識の通じない人や事情を抱えている人がいれば、工事の進捗に支障を来《きた》すこともあります。

さらに、一戸建て住宅では、外壁を含め、どんなリノベーションも自由ですが、マンションには共用部分のリフォームはできませんから、玄関の扉や窓、ベランダなど共用部分にあたるところを取り換えたり、改装したりすることはできません。外壁がガラスの場合、ひびが入ったり、割れたりしたときは大変です。

自然劣化によるものなら管理費で修繕してもらえ、過失による場合は自己負担となりますが、原因を特定し管理組合の合意が得られなければ改修工事ができません。温度変化の繰り返しによるガラスの劣化（ヒビ割れ）も、陽当たりのいい南面のＦＩＸ（固定）窓では、時折、発生します。

日々の生活でも自由度はマンション暮らしとは比べものになりません。隣地とビッタリくっついたような一戸建てなら別ですが、一般的な郊外の一戸建てなら、常識の範囲内の音量で、ピアノやギターなどの演奏ができますし、友人を大勢呼んでのパーティーも隣近所に気兼ねすることなく楽しめます。

もちろん、マンションではそうはいきません。気を遣ったりして、それもストレスにつながります。

都会の真ん中にも一戸建てはありますが、一般的な会社員にとっては高嶺の花ですから、一般には一戸建ては郊外が大半です。その分、通勤時間などのデメリットもありますが、自然に恵まれ、子供をのびのびと育てられるというメリットもあります。都会のマンション暮らしでは、子供に自転車を与えるのは心配ですが、郊外では、そんな心配も少なくなります。

隣近所との付き合い方に要注意

ただし、一戸建ての生活もいいことばかりではありません。隣近所とのお付き合いは丁寧にしておかねばいけません。マンションなら居住空間以外は管理会社が掃除してくれますが、一戸建てだと家のまわりの掃除などを怠っていると、隣近所との軋轢《あつれき》を生みかねません。

自治会に入り、地域のゴミの収集所の管理作業をルールに従い分担しなければ、ゴミも出しにくくなります。また、「ゴミを夜のうちに出すことはできず、朝何時までに出さなければならない」など、厳しい決まりがあるところが大半です。

最近のマンションは、たいてい建物内のゴミステーションに24時間365日、いつでもゴミを出すことができます。ここは大きな違いで、「マンション大好き派」は強調することが多い点です。

しかし、対策としては、庭にゴミ用バケツなどを置き、そこに一時的において決められたルールに従い、収集所に持っていけばいいだけのことです。

滅多にそんなことはありませんが、隣がクレーマーだったら毎日いろいろと文句を言われたり、ゴミ屋敷だったら異臭に悩まされたり……などといったことになりかねません。物件購入や土地購入を決める前には周到な調査を怠るべきではありません。

また、宅地開発型の郊外の住宅地ならそんな心配はありませんが、古くから人が住んでいる地域では、隣地との境界問題でトラブルが起こる危険性もあります。隣のブロック塀が、こちらの敷地にはみ出しているというような事例はよくあるようです。買ってしまってから気がついても円満に解決できなければ、たいていは我慢するしかありません。

住んでいるうちは、我慢できても、売るときには権利関係を明確にしなければ、売るに売れないこともあり得ます。そのような事例は大都市でも地方都市でも珍しくありませんから、注意してください。

マンション住まいの〝効用〟

さまざまな面での自由度では劣るマンションですが、面倒な隣近所との付き合いや

トラブルの心配はありありません。ゴミ出しの管理は管理組合が契約する管理会社がやってくれるので、面倒な当番はありませんし、外廊下やマンション敷地内、敷地の周囲の公道も管理会社が掃除してくれます。また、住民同士の大きなトラブルは管理組合が間に入って解決してくれるので安心です。

新築の分譲型マンションの場合、生活レベルや価値観、ライフステージが似通った人々が多く居住することが多いため、コミュニティが形成されやすく、特に、子育てには恵まれた環境が期待できるのも大きなメリットです。

故郷から離れて暮らす場合、子育てで孤立してしまうこともあり得ますので、同世代で同じ悩みや課題を抱える人々が近くに大勢暮らしていることは、思いのほか心強いものです。

大規模マンションであれば、さらに、スーパーやコンビニ、学校、病院など生活に欠かせない施設が必ず近くにありますから、生活の利便性は非常に高いと言えます。

以上、見てきたように、一戸建てにもマンションにも、それぞれメリット、デメリットがあります。**住宅を購入する際には、何を優先して決めるのか、プライオリティを**

明確にしておくことが非常に大切です。

そのためには、何度も言いますが、自身の住宅観を確立しておく必要があります。どんな生活や暮らしを望み、そのために、立地を含めどんな家に住みたいのか、それを明確にしないまま、マンションと一戸建てのメリット、デメリットを比較しても、何の意味もありません。

資産価値ではマンションに軍配

木造一戸建ての建物価値は22年でゼロ?

次に「資産価値」を見てみましょう。比較すると、マンションの方が圧倒的に高いと言えます。もちろん、再三、指摘してきたとおり、資産価値だけで判断するのはナンセンスです。

それを踏まえた上で、資産価値についてですが、先述したように日本の中古住宅流通の際には住宅の査定制度があり、木造の一戸建て住宅の場合、22年で建物価値が償却されるというルールがあるため、中古物件で転売するとき、建物価格は、かなり少なく見積もられます。そのため、築22年以上の一戸建ては、ほぼ土地だけの価格になってしまうことも少なくありません（あるいは古屋付き土地として販売されます）。

もちろん、木造で築22年以上であっても、建物に価値を認める買い手が現れれば話は別ですが、不動産流通業者は、建物の価値を限りなくゼロと査定して仲介販売するため、建物分を価格に上乗せして公募してもいいのですが、買い手を見つけるのは苦労するでしょう。

マンションの資産価値は目減りしにくい

他方、中古マンションの場合、減価償却のルールが相場にあまり影響を与えません。マンションはほとんどＳＲＣ造（鉄骨鉄筋コンクリート）かＲＣ造（鉄筋コンクリート造）ですが、この構造による建物の法廷の減価償却期間は47年です。

しかし、築47年を過ぎたマンションであっても建物としての資産価値がゼロになることはまずありません。寂《さび》れてしまったリゾートマンションなどで、たまに希望価格

10万円というのを見かけることがありますが、これなどは実質の資産価値がゼロ円と見なしているのでしょう。

マンションの区分所有者の土地の権利は微々たるものです。もし築47年で、査定で建物の価値がゼロになれば、理屈ではマンションの価値は土地代だけということになってしまい、割り当ての敷地面積はわずかですので、こうしたマンションの1室の価格は、ほとんどタダ同然の価格になってしまいます。

しかし、相場はそのように動いていません。一戸建てもマンションも中古物件の価格は、需要と供給の関係で決まりますが、特にマンションはその傾向が強く出ます。その結果、寂れたリゾートマンションのように需要が限りなくゼロ、という状況でなければ、つまり、需要のある地域のマンションは、ある程度の価格で売れることになり、「資産目減りがしにくい」というわけです。

誰が買う？——高額な注文住宅は売却に苦戦する

低価格の建売住宅と高価格の注文住宅では事情が異なると考える人もいるかもしれ

ませんが、残念ながら、**一戸建ての中古物件は、建物の価格分が高ければ高いほど希望価格では売りにくい**というのが実情です。

例えば、築11年、建築時土地代1億円、建築費1億円の総額2億円で建てた住宅があるとします。木造の場合、減価償却期間は22年ですから、定額減価で考えれば査定上、建物の価格は5000万円です。

売主は1億円もかけた住宅がたった10年で半額になるのかと不満に思うかもしれませんが、実際には1億5000万円でも買い手を見つけるのはかなり難しいでしょう。注文住宅には施主の思いが強く込められています。設計士もその思いを受け止めて意匠を凝らします。

その人にとっては使い勝手もよく、最高の住宅かもしれません。しかし、趣味嗜好、生活習慣などが異なる他者からすると、住み心地のいい魅力ある住宅であるとは限りません。むしろ、その反対の場合の方が多い。

ですから、査定あるいは公募価格よりも安価でしか売れないことは珍しくありません。その点、**もともと建売戸建ての物件はさほど豪華なつくりではないうえ、最大公**

約数的なニーズを満たすように設計されているため、妥当な値段で売却することができます。

希望売価が、例えば4億～5億円の豪邸となれば、もっと売るのは難しくなります。5億円の住宅を買える人が、他人が建てた家に住みたいと思うでしょうか。5億円を出すくらいなら、自分が住みたい家を一からつくりたいと思う人が多いのは当然だと言えます。

亡くなった世界的な建築家が設計したとか、今では手に入らない貴重な建材がふんだんに使われているとか、極めて立地条件がいいとか、滅多に出ない希少地域の立地であるなどといった、とても分かりやすいセールスポイントがなければ、高額な中古一戸建て物件の売却にはなかなか苦戦するでしょう。

その点、現状の不動産市況下では、マンションなら3億～5億円の中古物件でも希望売価で売れることは難しくありません。マンションは基本、四角い箱ですから、所有者のこだわりを出す部屋づくりには限度があります。

また、構造部分を除けば、基本的に好きなように（上下左右に騒音など迷惑はかかりますが）リフォームできます。

今はリノベーション技術も非常に高くなっているので、中古物件でもリノベーションすれば、新築と変わらない仕上がりになります。中国では内装を施《ほどこ》していないスケルトン売りが新築マンションでは主流なくらいです。

ただし、注意いただきたいのは、住宅を購入するなら注文住宅はやめた方がいい、マンションの方がいいとお勧めしているわけではありません。あくまで「資産価値」に焦点を絞った話です。

自分が住みたい家を突き詰めれば、注文住宅以上の贅沢はありません。そこには、その人にとって資産価値以上の価値があるに違いありません。

そのように考えれば、注文住宅で別荘を建てるというのは、究極の贅沢です。築古になれば、価値は「土地代」程度となってしまいますが。

しかし、先述したように**希少性のある土地の場合は別です。**例えば、代々その地を受け継ぐような風習となっている京都の別荘地などでは、そもそも表向きは流通しておらず、現持ち主が新しい買い手と話し合って譲渡します。大相撲の年寄株のようなものです。そのため、資産価値は上がるばかり、というような別荘地もあります。

管理費と修繕積立金

マンションを購入すると、住宅ローン以外に固定資産税のほか、毎月、管理費と修繕積立金を支払わなければなりません。管理費や積立金はマンションの専有面積に比例しますが、新築で4000万～5000万円の物件の場合、最近では、合計月額2・5～3・5万円程度が目安です（戸数やサービス内容により異なります）。

一戸建てでは、もちろん、管理費も修繕積立金も必要ありません。しかし、その分、すべてにかかる維持管理・メンテナンス、その労力は自己責任、自己負担となります（もちろん、外注もできます）。

敷地内外の掃除、ゴミ出し、ご近所付き合い、トラブルがあればその解決の時間なども労力と言えます。修繕積立金はありませんが、修繕が不要なわけではありませんから、当然、築年数の経過とともに修繕費が必然的に発生します。

新築vs.中古物件

中古マンションしか選択肢がないのが実状？

住宅を購入する場合、新築物件にするか、中古物件にするか、多くの人にとっては悩みどころでしょう。しかし、**住宅観を重視するというアプローチでは、新築か中古かで悩む場面はそう多くはないというのが実状**です。

例えば、都心の麻布でマンションを購入したいとか、上野や池袋に20分以内の浦和駅の近くにマンションを購入したいなどと思っても、タイミングよく新築の分譲マンションが販売されていることは、ほぼありません。じっくり待てるのならいいですが、いつ頃までという時期とエリアや立地を重視するのであれば、中古物件しか選択肢がなくなります。

逆に言えば、中古物件の方が、選択肢が多い。日本人の特徴として新築や新品へのこだわりが強い傾向がありますが、何が何でも新築にこだわるとなると、販売中や販売予定が公表されている新築マンションの中から地域や街を選ばなくてはならないため、選択肢が限られてしまいます。あるいは、住みたい地域で新築マンションが販売されるのをじっと待つしかありません。

その点、中古物件なら、新築物件がほとんど出ることのない人気のエリアでも販売されていることが少なくありません。

昨今は、マンション用地の確保が難しく、この先も当分、新築マンションの建設の見込みが薄い希少性の高い地域でも、中古物件であればマンションを購入できるチャンスがあります。

コミュニティの観点からのメリット

そうした実状を踏まえたうえで、新築マンションのメリットは、まずはなんといっても、新築なので気分がいいこと。新築物件ならではのニオイが苦手という人もいるようですが、現在ではだいぶ改善されています。また、新築ですから、メンテナンスの必要が当分ないこともあげられます。

一般的な新築マンションの場合、生活レベルやライフステージが似通った居住者が多いことも魅力です。中古物件の場合、すでに出来上がっているコミュニティに参加することで、築年数によっては、自分とは世代に隔たりのある居住者が大半となる場合もあります。

コミュニティの感覚は、アルバイトにちょっと似ています。オープニングスタッフの場合、職場の雰囲気づくりに参加することができますが、途中からアルバイトに入った場合は、すでに出来上がっている雰囲気に溶け込むしかありません。マンションのコミュニティにも、それに似たような特徴があります。アルバイトのように、週何度も顔を合わせるということはないので、それほど気にならないかもしれませんが。

昨今はマンション価格が高騰しており、築20年、30年の中古マンションでも需要がある地域では価格上昇が続いていますが、一般的には築20年を超えれば、新築物件と比べて、だいぶ割安感が出ます。

これは大きな魅力ですが、コミュニティという観点からは、初めは気を遣うということは留意しておいた方がいいでしょう。

また新築当時は最初の買主が住んでいて、生活レベルや価値観を共有する人がコミュニティを育んでいたとしても、20年、30年経つと、歯抜けのようにだんだん賃貸化していくという現象が起こりがちです。

第4章で詳述しますが、近年ではこのような中古マンションだけではなく、都市型のタワーマンションでも、新築時から投資目的（賃貸にする目的で）で購入する人が増えており、同じような現象が起こっています。

販売経費分は安く買える中古物件

他方、中古マンションの魅力はなんといっても資産価値の高い物件が新築に比べて比較的、安価な価格で手に入ることです。**しかし、近年は中古マンションも相当高くなっており、主要都市部では新築時の価格以上で売買されています。**

新築マンションでは、通常、販売価格には15～20％近くの広告や営業などの販売経費が含まれます。ところが、中古マンションの購入には、新規購入時のような販売経費はほとんど含まれないため、その分、経費という点では、割安で手に入れることができます。中古物件の場合、購入の際には、価格の3％程度の仲介手数料がかかりますが、新築物件の販売経費20％と比較するとわずかです。

さらに、新築物件の場合、青田売りが基本ですので、モデルルームしか見ることはできませんが、中古物件なら、購入を考えている部屋を実際に内見し、内装や設備、眺望はもちろんのこと、マンション周囲の環境や管理状況、マンション内のコミュニティの状況、隣室の居住者の属性や家族構成などを事前にある程度、確認することができます。これは極めて大きなポイントです。第4章のタワーマンションの例で詳しく解説します。

修繕費のリスク

もちろん、中古物件にもデメリットがあります。まず、**物件によっては新築物件購入時に受けられる住宅ローンの控除や減税措置が受けられないケースもあります。**たとえば、自らが居住するための住宅であること、床面積50平方米以上（一部40平方メートルの特例あり）であること、住宅ローンの借入期間が10年以上であること、などが住宅ローン減税の要件となります。2022年に一部改正されましたが、改正後も「1981年以降に建築された新耐震基準に適合している住宅かどうか」は要件となっていますので、その以前の中古物件の場合は注意が必要です。

また、築15年以上を経過しているにもかかわらず、まだ大規模修繕工事が行われていない物件の場合、のちに修繕費上昇のリスクがあります。マンションでは大規模修繕のために積立をしていますが、修繕費が積立金で賄《まかな》えるとは限りません。場合によっては、入居して5年も経たないうちに、不足分の修繕費用の分担を求められることもあるようです。購入する前に確認しておいた方が無難でしょう。

第4章

タワーマンションは快適な住まいか?

——希少性の高い物件は価格が維持できる

タワーマンションは、なぜ増えたのか

日本初のタワマン

「タワーマンション」は、今や普通に使われている言葉ですが、何階建てまでが低層マンションで、どこからが中層、あるいは高層なのか、明確な定義があるわけではありません。

しかし、不動産業界の暗黙の了解事項として、なんとなく階数が決まっています。第一種低層住宅専用地域に建つマンションは建物の高さが10メートルか12メートルに決められていますので、結果、最大4～5階建てとなり、こうしたマンションは「低層マンション」と呼ばれます。

都区内など大都市圏での第一種低層住宅専用地域はたいてい高級住宅街として知られていますので、一般的に「低層マンション」と呼ばれるマンションは、どの地域でも当てはまる呼ばれ方ではなく「高級住宅地に建つ階数の少ない（高さの低い）マンション」のことです。

再開発地域などで、タワーマンションやビルが建つ周辺にポツンと残されたような4～5階建てのマンションがありますが、このタイプは「低層マンション」とは、あまり言いません。

次に、一般的なマンションで多い10～20階建てのマンションは「中層マンション」と呼ばれ（低層でも高層でもない一般的なマンションというイメージ）、そして21階建て以上のマンションが「高層マンション」、または「タワーマンション」と呼ばれます。

タワーマンションの定義を21階建て以上とすると、日本で最初のタワーマンションは、住友不動産が１９７６年、埼玉県与野市（現、さいたま市中央区）に建設した高さ66メートル22階建ての「与野ハウス」です。与野ハウスは高さが異なる４棟で構成され、うち2棟が「タワーマンション」です。

また、１９９８年（竣工は２００２年）には埼玉県川口市の日本ピストンリング川口工場跡地に、マンションデベロッパー大手の大京《だいきょう》により高さ１８５・８メートル、55階建ての「エルザタワー55」が建設・販売されます。遠くからでもよく見え、「そびえ立つ」という雰囲気を醸《かも》し出しており、「タワーマンション」ならではのインパクトがありました。

そして、2000年頃からタワーマンションの建設ラッシュが始まります。

タワマンは〝現代版マンモス団地〟

タワーマンションが増えた前段階として、1980年代後半の経済の盛隆と崩壊(バブル期)、そして1990年代後半の都心回帰があります。

1980年代の半ば以降、日本はバブル経済で空前の好景気に覆われました。地価・不動産価格も高騰しました。

都区部のマンションを手放して郊外の一戸建てに住み替える人が増え、また、住宅価格高騰のため都区部の物件は手が出せず、こうしたことがあいまって、東京都の人口は減少が続きました。

ところが、バブル経済の崩壊で地価が下落し、住宅価格も徐々に下がりました。その流れで、1990年代後半には「都心回帰」という現象が起こります。結果、都心のマンション需要が拡大しました。

限られた土地を有効活用するため、土地の高度利用が検討されます。そして、限られた敷地に高層のマンションを建てる計画が進みます。

１９６０年代から70年代にかけ大都市圏で住宅用地が足りなくなり、東京圏なら多摩ニュータウンやみさと団地、関西なら千里ニュータウンなどのマンモス団地が建設されたのと似たような理由です。

「住宅用地が少ないので郊外へ」と、「住宅用地を高度利用するため高く」ということです。イメージは異なりますが、**タワーマンションは〝現代版のマンモス団地〟**と言えます。

「持たざる経営」が建設ラッシュを後押し

２０００年代の前半は、都区部内で多くの土地が供給されることになります。土地を提供したのは、バブル経済の崩壊で有利子負債を抱えた企業などです。経済財政政策担当大臣（当時）の竹中平蔵氏が主導した小泉内閣の金融改革がそれを後押ししました。

「持たざる経営」をスローガンに、インフラ企業や鉄道会社、製造業……など、さまざまな大手企業が有効活用できていない都区部の土地を手放しました。社宅などだった用地には低層マンションが建ち、大きな工場跡地や小さな工場群跡地などにはタワーマンションが建設されるという構図ができます。

これが2000年代前半のマンション建設ラッシュを生んだのです。首都圏では、2000年代前半は、1年間で10万戸ぐらいのペースで建設が進みました。今は年間、3万戸ぐらいのペースですので、その違いが分かると思います。

割安感が人気を呼んだ——タワーマンションのおいしいところ

公開空地の容積率ボーナス

タワーマンションのメリットは、とにかく平米あたりの価格が割安なことでした。

容積率が高いエリアの敷地に建つので、高層マンションを建てることができ（つまり、多くの住戸を確保することができ）、加えて、1戸あたりの土地が狭くなるため、土地代が安くすむからです。

また、「公開空地《くうち》」という制度があり、マンションの敷地を誰もが出入り通行できる公開の空地として、自治体から適用を受ければ容積率のボーナスを受けることができ、より高層のマンションを建て、より多くの部屋を確保すること（販売すること）ができます。

一般的なマンションの敷地は普通、フェンスや塀、植栽などで囲まれており、居住者と関係者以外は原則、マンション敷地内を出入りできませんが、公開空地適用の物件では、誰もが敷地内を通行できるようにするかわりに、容積率のボーナスが得られるのです。今では、新しく建ったタワーマンションでは公開空地適用のマンションが多い傾向にあります。

15年は下がらない資産価値

また、市場での取引価格（＝流通価格）に対して、税金の基準となる評価額が低いため、**固定資産税や相続税も低くなります**（一部評価方法が見直され、計算方法が変更されましたが、まだ税効果があると言われています）。共有のロビーなど共用スペースも広く、専有部以外の使用権がありますので、割安感があります。

税の計算上の評価額に比べて市場流通価格が高いということは、需要が旺盛《おうせい》で資産価値もそれだけ高いということです。

郊外に建つタワーマンションはあまり多くなく（特に地方都市では、ほとんどない）、大半は都市部の利便性の高い場所に立地していますから、公共交通機関へのアクセスのいい駅近物件が多く、その分、需要も大きくなります。

そのような理由から、大規模マンションの資産価値のところでも触れましたが、現在のタワーマンションの資産価値は、物件にもよりますが、その多くは新築から20年くらいまでは極端に下がることはないと思われます。ただし、後に詳述しますが、**築15年から20年を過ぎると潜在化していたリスクが顔を出し始めます。**

そのため、タワーマンションは、期間を最大20年くらいと目途にして、その前には売却を検討するという前提で、賃貸住宅感覚で居住するテンポラリー型のマンションとしては極めてお得感が高く、また共働き世帯には向いているマンションということができます。

人気のタワーマンションの隠れたリスク

持ち家にも賃貸住宅にも、大規模マンションにも小規模マンションにも、それぞれメリット、デメリットがあるように、タワーマンションにもメリットがある一方で、デメリットもあります。

殺風景な街

ぼくが住んだタワーマンションは、街中の再開発エリアの物件ばかりでした。

しかし、タワーマンションは、建てるにはある程度の広さの敷地が必要ですから、日照権の関係もあり、古くからある町の真ん中につくるには相当ハードルが高くなります。

そのため、多くが埋立地か、町工場が密集していたような場所を再開発し、建設しています。

前者の典型が東京でいうと湾岸エリア、海上埋め立て地エリア（豊洲や月島、有明、晴海など）といったところで、後者には大崎や五反田、武蔵小杉、川口などで、これらは現在のタワマン密集地となっています。

新しくつくり直した街、埋め立てて新しく造成した街……これらの街の特徴はまだ新しいためか、殺風景で、どこか温《ぬく》もりが感じられない。自宅の購入を考える際には、資産性ばかりが気になる人は多いと思います。投資対象として賃貸物件にするつもりなら別ですが、自分が住むとなると、「街の温もり」はとても大事な要素ではないでしょうか。

例えば、月島は比較的古い埋め立て地ですから、「月島もんじゃストリート」など多少温もりを感じられる場所はありますが、有明などに足を延ばすと、新しく人工的な建物ばかりで非常にドライな感じがして、街の温もりが感じられません。考え方は人それぞれですが、**住宅は建物だけでなく、街の雰囲気も含めて購入するべきではない**

かと思います。

空を見ながら過ごす日々

本書の冒頭でも少しふれましたが、タワーマンションの上層階はとにかく景色がいいというイメージがありますが、実際に住んでみるとそうでもありません。ぼくが最初に住んだタワーマンションは、会社員時代に買った物件で、最上階の部屋でした。ベランダから出て外を見れば確かにいい景色で、夜景も綺麗でした。しかし、リビングのソファに座って外を眺めると、見えるのは空だけです。

知人が横浜のランドマークタワーに事務所を構えていましたが、入居の前、空室が10階と30階にあり、内見したとき、30階は「ここはないかな？」と思ったそうです。「社員が空を見ながら仕事をするなんて、実に殺風景だ」というわけです。

その点、10階だと観覧車などが目に入り、とてもいい景色で、そこにオフィスを構えました。この会社の決断は正しかったと思います。

タワーマンションに住む大きなメリットは、部屋からの眺望です。最上階がもっとも眺望がいいとは限らず、中階層の方がいい場合もあるということです。

セキュリティはどうなのか

イメージとは違い、「実際のセキュリティが脆弱」と指摘するタワーマンション住人は多くいます。

公開空地の話は先述しましたが、新しいタワーマンションのほとんどが公開空地の制度を使っており、誰でも敷地内に入ることができます。

その敷地内には公園があったり、ベンチが置いてあったりしますが、誰でも利用できる。「そんなところで、安心して子供を育てられるか」という声もあるようです。

例えば、都営地下鉄浅草線の高輪台駅のように、駅の真上に建っているタワーマンションもありますが、そのマンションの敷地の中の道が駅への通路になっています。

また、戸数の多い巨大タワーマンションでは、建物内にも事実上、好き勝手に出入りすることができます。かつて45階建てのマンションに住んでいたときは、芸能人も見かけることもありましたが、そのマンションではエントランスから自室に行くまでには4つのセキュリティ設備がありました。

ところが、800世帯ぐらいが入居しており、1世帯平均2人としても1600人、3人だと2400人が住んでいるわけですから、朝夕はもちろん、真夜中以外の人の出入りはひっきりなしでした。いつも誰かが行き来していますから、その後についていけば簡単に侵入できる。ぼく自身、早朝や深夜を除けば、自分でエントランスの扉を開錠した記憶はほとんどありません。

タワーマンションの意外な盲点

エレベーターに乗るのもひと苦労です。なにせ高層マンションですから、エレベーターに乗るのに時間がかかります。先述のぼくが住んでいた巨大タワーマンションには8機ありましたが、朝は3分以上待つのが普通でした。

また、1フロアが大きかった（広かった）ため、エレベーターの場所までも多少時間がかかります。そのため、駅から徒歩5分、10分といっても、部屋から駅までプラス5分くらいは見ておいた方がいいでしょう。エレベーターの待ち時間と、建物内の移動時間があるからです。

地震に弱いのもデメリットの一つです。といっても、タワーマンションの多くは、免震構造のため、巨大地震でも倒壊するようなことは絶対にないと言える耐震性を誇っています。埋め立て地で、たとえ地面が液状化しても倒壊などの心配はないでしょう。

しかし、タワーマンションの「地震に対する弱さ」は、エレベーターがすぐに止まってしまうことです。

タワーマンションが採用している構造である免震マンションの部屋にいると、震度2や3レベルではほとんど揺れは感じません。しかし、「えっ、今、揺れたっけ？」と思うようなときでも、エレベーターが自動的に止まり、復旧にはそれなりの時間がかかってしまいます。その間は、上下に移動しないか、もしくは階段を利用するかですが、かつて模擬訓練か何かの時にマンションの21階から1階まで階段で下りたことがありますが、疲労とともに目が回りそうになりました。頻繁に地震が発生する昨今では、無視できないデメリットです。

仮に、大地震が来たら、もっと大変です。停電でもしようものならお手上げでしょう。電気だけではなく、水道やガスなどのライフラインも止まってしまうと、コンビニに買物に行くためにに、20階、30階の階段を往復しなくてはなりません。

5分待ちは普通？──タワマン駐車場事情

駐車場の不便も住んでみて実感したことの一つです。巨大タワーマンションでは車庫に入出するまで5分待ちは普通でした。混雑時は10分近くかかることもありました。タワーマンションの駐車場は、平置きは基本的には特別住戸への割り当てで、ほかの大部分の部屋の住人は建物内部に組み込まれた立体駐車場などが割り当てられます。マンションの芯の部分にタワー型の立体駐車場があるとイメージしてください。

ぼくが住んでいた巨大タワーマンションには立体駐車場の出入り口が3カ所ありましたが、それでも待ち時間は5分以上でした。

日曜の夕方とか出入りが多い時間帯はもっと待たされます。車の中に財布や携帯など、翌日まで待っていられないものを忘れてしまったら、もう悲惨です。

しかも、上層のプレミアム階の居住者だけに地下の平場の駐車場が割り当てられていたので、悔しい思いをしたりします。

無用の長物――共用スペースは営業マンもちらほら

タワーマンションの新築分譲時のカタログやホームページには、さまざまな共用部が付属している「夢の暮らし」が描かれています。

実際に、ぼくが住んだタワーマンションには、トレーニングジム、屋上のジャグジー、読書ラウンジ、会議用スペース、共用ラウンジ、スタディルーム……など、さまざまな共用スペースがありました。

入居前（購入前）には、さまざまな施設がたいてい無料（一部有料もあり）で利用でき、お得感が満載でありがたいように思いました。

しかし、実際に住んでみると、多くの人にとって〝無用の長物〟であることが多いようです。

ぼくは、よくスタディルームを利用し、そこで原稿を書きました。また、トレーニングジムも雨の日などには利用していました。しかし、自宅で仕事をしたくない人、運動しない人からすると、これらは無用の長物です。そのため、利用している方々を見ると常連ばかり（お互い、そう思っていたでしょう）。ちなみに、屋上のジャグジーは入居時の引っ越しの当日に利用した１回だけでした。

しかし、もちろん、その設置費用は売価に含まれています。また、これら施設の運営管理費は、毎月の管理費用に含まれます。使えばお得ですが、使わなければ損なのです。

さらに酷《ひど》いのがラウンジの利用のされ方です。ソファとテーブルが並んでいることが多いラウンジですが、そこで保険や物品の営業マンが商談しているのをときどき見かけました。

また、ラウンジ内でミーティングをしているのを見たこともあります。７～８人が大きなソファに座り、営業成績の現状報告、今月の営業の見通しなどについて議論を交わして＝怒られていました。天井の高いゆったりした空間で家族や友人と寛《くつろ》ぐといった、入居前にイメージした光景を見たのは休日だけでした。

管理人が巡回見回りをしていることも多いようですが、大勢の人たちが暮らすと、さまざまな価値観の人がいるものです。

もう一つ、住んでみて驚いたのは、引越しの多さです。800世帯以上もあれば、ちょっと考えると想像がつきそうなのですが、入居前はそういうところにまで考えは及びません。毎週のように引越しを目にするのは、ちょっとうんざりでした。

〝憧れの〟タワーマンションには、このように住んでみないと実感できないことがたくさん隠されています。

さまざまなタイプの住民が

タワーマンションのもう一つの特徴は、居住者の多様性です。ダイバーシティはちょっと前からの流行り言葉の一つですが、こと区分所有の集合住宅となるといいことばかりではありません。

大規模マンションの項でもお話ししたとおり、一般に、区分所有権に基づいた分譲マンションでは、所得とか年齢層などがある程度似通った人々が住むことを想定して開発されています。

生活レベルやライフステージが似通っていれば、ニーズが共通するため開発が容易ですし、反対に言うと、同じマンションには、新築分譲の場合、ニーズが共通する人が集まってきやすいのです。

価格も広さや向き、上層低層という階の違いで多少の差はありますが、極端な違いはありません。そのため、良好なコミュニティが形成しやすいことは、先述したとおりです。

ところが、タワーマンションの場合は事情が異なります。タワーマンションと言えば、ＩＴやベンチャーの起業家、芸能人、医者や弁護士、大企業のエリート社員などのおカネ持ちが住んでいるイメージがあるかもしれませんが、そんな人ばかりが住んでいるわけではありません。

プレミアムがつく上層階は5億～10億円もする超豪華マンションであっても、中層階は70平米前後のファミリータイプで、低層階は30平米から40平米ぐらいの１ＬＤＫ

（分譲賃貸向け？）といった構成になっているのは、昨今の新築タワーマンションでは珍しくありません。

当然、これら3つの層の部屋の価格帯は大きく異なります。つまり、上層、中層、低層で住民の性質が異なるということです。ご存じの方も多いと思いますが、タワーマンションの住民同士の軋轢《あつれき》をテーマにしたテレビドラマがあったくらいです。

住人の多様性が、すべてデメリットだと言うつもりは毛頭ありませんが、コミュニティの構築やコンセンサスの形成ではデメリットとなる場合があります。これはタワーマンションの「不都合な真実」の一つでしょう。

価格下落のリスク

都心に近いタワーマンションは資産価値が落ちるリスクは少なく、20年を目処としたテンポラリーの住まい（マンション）としては非常に価値があると述べましたが、築20年を過ぎると、希少性の少ない部屋の資産価値は下がるリスクがあります。

現在の中古マンション市場は、需要過多・新規供給不足で価格が上昇していますが、その状況が10年、20年後も続いているとは限りません。むしろ、２０３０年以降は、全体的に下落し、資産価値が維持されるのは一部のヴィンテージマンションだけで、特に大型タワーマンションでは、マンションの選別や眺望などによる部屋の選別が進む、というのが、ぼくの予想です。

中古マンションの価格は需要と供給のバランスで決まります。供給側の売り手は、現在の区分所有者ということになります。投資目的で賃貸を前提に購入している人は別ですが、住宅として購入した区分所有者の年齢層やライフステージは似通っているのが普通です。

購入時に40歳前後で子供が幼稚園か小学生ぐらいだとすると、15～20年後には子供は巣立ちのときを迎え、自身はリタイアに近づきます。定年後は、都会の喧騒を離れた静かな場所で過ごしたいと考える人も増えてきます。

同じマンションに同じように考える人が大勢いて、**同時期に売却を検討し始めると供給過多になり、価格が下落するリスクが高まります。**先述したとおり、２０００年代前半の建設ラッシュで建てられた、首都圏では湾岸エリア、海上埋め立て地エリアや五反田・大崎、武蔵小杉あたりのタワーマンションはもうすぐ買い替え時期に差し掛かってきます。

理屈で考えると、この先は売り物件が大量に出始めるはずです。**今の需要が続けば下落のリスクは大きくありませんが**、需要が小さくなれば、価格は下がります。先述したように、マンションは規模が大きいところほど、値崩れのリスクが高まります。築20年を超えると、タワーマンションも例外ではなくなります。

思惑が交錯するタワーマンションの現状

困難を極める合意形成

タワーマンションの最大のデメリットは、建替えや大規模修繕に関することでしょう。どんなマンションでも、毎月、管理費と修繕積立金を徴収していますが、費用が不足するケースも少なくありません。

また、一定の割合で管理費や修繕積立金を滞納する所有者もいます。ちなみに、中古物件を購入する際には、契約前の重要事項説明書の中で、この件を伝えることになっています。

そのため、滞納が多い物件は、敬遠されることも増えており、それらの要因もあり、マンション価値が下がることが懸念されます。大規模修繕には区分所有者の４分の３以上（軽微なものは過半数でＯＫ）、建替えには５分の４以上の賛成が必要です（「マンション建替円滑化法」により、一部要件が緩和されました）。

しかし、逆に言うと、一定数以上の人が反対すると修繕も建替えもできないということです。修繕ができないと、資産価値は著しく低くなってしまいます。

そこで問題となるのが合意形成です。経済状況やライフステージが似通った人々が集まるコミュニティでは、修繕や建替えの合意形成は比較的容易ですが、先述したように区分所有者に多様性があるタワーマンションでは困難を極める危険性があります。

マンションを終の棲家とし、将来の売却などを視野に入れ、住まいとして資産価値を落としたくないと考えていれば、大規模修繕に反対する人は多くないでしょう。

しかし、投資で、例えば、低層階の部屋を賃貸物件として貸している人にしてみれば、経費は少ないに越したことはなく、修繕などの支出はなるべく先送りしたいと考えます。

また、大規模修繕の分担金が高額になる場合、上層階の豪邸に住む富裕層と、中層のファミリータイプに住む人々で利害が対立する可能性もあります。ひと口に大規模修繕といっても、どこまでやるかが決まっているわけではないので、合意形成は困難を極めます。

地権者住戸の陥穽

特に合意形成が難しいのは、再開発によって建設されたタワーマンションも同じです。例えば、大崎・五反田や武蔵小杉のような町工場の密集地だったところや、再開発で建設したタワーマンションには、必ず地権者住戸があります。「地権者住戸」とは、もともと、その土地を所有していた人たちに割り当てられる住戸のことです。

地権者住戸の場合、複数戸を同じ地権者が所有することは珍しくありません。例えば、全500戸のうち、30~50戸を所有するケースもあります。

ぼくが知るある物件では、25階建てのタワーマンションで、2階から12階までを元地権者が所有しているケースがありました。その場合、大規模修繕も建替えも、多くを保有する元地権者の意見に大きく左右されてしまいます（もちろん管理会社が調整をするのでしょうが）。

そのため、**築年数が20年近い中古のタワーマンションの購入を検討する際には、区分所有者の権利関係を調べておくことが絶対に必要です。**端的に言うと、地権者住戸や投資目的の区分所有者が多数を占める物件は、慎重にした方が無難かもしれません。

大都市圏のタワマンは希少性の高い物件に限る

壊れる需給バランス

タワーマンションの「不都合な真実」をいくつか紹介してきましたが、巷間あまり知られていないデメリットを考えると、タワーマンションを住宅ピラミッドの頂点のように考えるタワーマンション神話があるとするならば、早晩、それはなくなるでしょう。

タワーマンションの魅力は、利便性、眺望、共用部の充実など、さまざまあると思いますが、人気の原動力となっているのは何と言っても、その資産性の高さにあります。ただし、それが未来永劫続くとは限らないということも知っておくべきです。

今の購入層の中心は30代後半~50代前半ですが、それより一世代下の30歳前後になると、人口がかなり減るため需要が少なくなります。

さらに、すでに指摘したとおり、今後は築20年以上の中古の売り物件が増えると推測されており、タワーマンション物件の中古市場は早晩、供給過多に向かいます。需要が減って供給が増えると、当然、価格は下落する可能性が高まります。

とはいっても、中古物件の供給過剰に対する懸念は、タワーマンションが乱立する東京や関西などの大都市の一部のエリアの話であり、数が少なく希少性のある都心の再開発物件、あるいは極めて眺望のいい物件、また、地方都市の一等地物件は別です。

北海道・札幌駅や旭川駅前のタワーマンションや岩手県・盛岡駅前のタワーマンションなど、地方のメインターミナル駅に隣接するタワーマンションは、地方都市のランドマークとなりつつあり、さらに、大都市の一部のエリアのように供給過多とはなりそうにないため、当分の間（かなり長く）は、その資産価値が下がることはないでしょう。

タワーマンションは実際の部屋を見て買う方がベター？

タワーマンションの購入は、中古物件の方がいいという業界関係者は多くいます。新築タワーマンションは基本的に竣工引きわたしの数年前に販売が開始されます（いわゆる青田売り）。そのため、実際の部屋を見ることができず、モデルルームとカタログ、模型などを見て購入を決断します。また、CGなどを用いて、各部屋から想定される眺望を見せてもらえますが、実際の感覚とは少し異なるようです。

このような新築タワーマンションの販売方法、そして先述したような、実際の使われ方、コミュニティ、そのほか、懸念される点を考慮すれば、すでに実際の物件があり、そのマンションの雰囲気がわかる中古物件を買う方が、間違いがない、というわけです。

また、タワーマンション建築地は、近隣にも別のタワーマンションが建築されることが多く、築後5年は眺望が良かったけれども、その後、別のタワーマンションが建築されたことで、眺望が良くなくなったという例は多く見られます。

この先、タワーマンションは中古物件の流通が増えることが予想されています。需要と供給のバランスが保たれていればいいですが、そうとも限りません。しかし、断言できるのは、希少性の高い物件は、価格が維持できるということです。

タワーマンションの真の希少性とは?

では、立地条件を除いて考える「タワーマンション」における希少性とは何でしょうか。

タワーマンションの新築販売時のアピールポイントを見れば分かるように、圧倒的にウリにしているのは「眺望」です。つまり、そのマンションの中でも眺望のいい部屋ということです。

何度か述べたように、最上階が最も眺望がいいとは限りません。都心では、わかりやすいところで言えば、東京タワーやレインボーブリッジ、スカイツリー、富士山などがいい感じで〝部屋から〟見える（ベランダなどに出ずに見える）、ということになるでしょう。

第5章

失敗しないための住まい選び
——いい家を味わうためにこんな方法が

一戸建てとマンション（さらにタワーマンション）、それぞれにメリット、デメリットがあることはお分かりいただけたかと思います。それを踏まえ、本章では住宅選びで失敗しないためのポイントを、ハード面とソフト面の2つのアプローチでお話しします。まずは、どんな物件がいいのか？　理想の確立ができたら、以下のことを頭に入れて物件選びをするといいでしょう。

立地条件は選ぶ際の重要要素

一戸建てにせよ、マンションにせよ、人生に一度あるいは二度の大きな購入イベントとなる自宅の購入にあたっては、**立地条件は非常に重要な要素**です。立地の選択を誤ると、「こんなはずではなかった」と後悔することになりかねません。

住宅地の3つの種類

大都市圏や地方を問わず、住宅地には大別して3つの種類があります。

ひとつ目が大昔から人が住んでいるところ、２つ目が埋め立て地、そして３つ目がかつては山や田畑だった場所を宅地にしたところです。

それぞれ良し悪しがありますが、基本的には昔から人が住んでいたところは、ステータスが高い土地となっていることが多いようです。

建築土木の技術がそれほど高くなかった大昔から人が住んでいるということは、つまり「人が住むのに適している土地」だからです。「昔から住むのに適した」場所は、地盤がしっかりしているうえに、水はけもよく、地震や豪雨などの災害に強いということを意味します。最近は地震に対する不安、大雨に対する不安が、それぞれ大きくなっており、重要視したいところです。

２つ目の埋め立て地は、昔は海の底や沼地を埋め立てた場所で、特に人口の密集する東京は埋め立て地に住む人が多くいます。

明治５年に新橋（現在の汐留付近）～横浜間に鉄道が開通しましたが、そこを石炭で動くＳＬ（蒸気機関車）が走りました。まき散らす煙にときどき細かい火花が混じっていたようで、そのため、海岸線に線路を通したそうです。

現在の品川駅の場所はちょうど海岸線にあり、品川駅から現在の高輪ゲートウェイ駅方面を写した当時の写真を見たことがありますが、線路に海からの波が打ち上げており、そこへまさにSLが通ろうとしている絶景の写真でした。つまり、その先は100年超前までは海だったということです。

羽田空港に着陸する前に機内から外を眺めると、千葉～東京～横浜（東からのアプローチ）の湾岸エリアや海上埋め立て地に、ものすごい数のマンションが建っていることが分かります。

3つ目の畑や農地だった場所は、水が豊かで農業には向いている土地だったことを意味します。

原野が広がっており、ぽつぽつ農村があった武蔵野エリア（その証拠に1889年に開通した中央線は新宿を出て武蔵野エリアは一直線に進みます。用地収用が容易だったのでしょう）、関東大震災以降、住宅開発が進み、東京の一大住宅地となりました。

都市部では、昔の農地は工業化以降、工場用地として利用されてきた歴史がありま
す。そして、そのかつての工業用地には、例えば、東京だと恵比寿近辺や、五反田・大崎周辺、神奈川県・川崎市では武蔵小杉周辺、いずれも、現在はタワーマンションが林立しています。タワーマンションの多くは、都心の再開発地の物件を除くと、埋め立て地か、かつての工場群跡地に建設されています。

歴史のある街の資産価値は下がらない

昔から人が住んでいた土地のメリットは、先述したように災害に強いことはもちろんですが、歴史と伝統を背景に豊かな文化が醸成されていることです。そして安定的な需要があり、地価は基本的に大きく下落することはありません。

東京でいえば、渋谷区松濤《しょうとう》、品川駅から目黒駅のあたりの城南五山と呼ばれる島津山、池田山、花房山《はなぶさやま》、御殿山《ごてんやま》、八ツ山《やつやま》といった地域、港区の高輪エリアや白金台エリア、渋谷区の代々木エリアなどです。江戸時代に大大名の藩邸があったり、将軍の休息所があったりなど、歴史のある地域です。

今でも各国大使館があり、またいずれも高級住宅地ですが、土地代が非常に高額なので新設される一戸建ては少なくなく、その代わり低層のマンションが増えています。こうした地域は土地の価値が維持されるので、たとえ建物の価値が下がってもマンションの資産価値が大きく下落することはないでしょう。

デメリットは地価が高く、庶民には到底手が届かない物件が多いということにつきます。土地が少なく、こうした地域に新築の一軒家を建てるのは企業上場を創業したような人たちが多いようです。

埋め立て地が立地の落とし穴

埋め立て地のメリットは、かつては海ですので、なんといっても中心部からの距離に対して地価が割安なことです。東京都心の主要部は、海や川に近いエリアが多く、たとえば港区や、元は日本橋区と京橋区を合併した現中央区、また品川区と区名を見れば分かります。例えば、東京駅から15～20分圏内のほかの地域と比べると、もとは海上だったところは土地代も安価です。

デメリットの一つとして、意外と驚くのは土地の区割りがとにかく広いので、隣のブロックに行くのにものすごく遠く、移動が不便なことです。

東京オリンピックの選手村を改修し、整備された東京都中央区の巨大マンション群「ＨＡＲＵＭＩ ＦＲＡＧ（晴海フラッグ）」は、販売した当初、高倍率で大人気でした。２０２４年1月に入居が始まりましたが、購入したものの賃貸に出されている部屋が多く、その部屋があまりに多いため、入居者が付きにくく、〝ゴーストタウン化〟しているのではないかと指摘されました。最寄り駅の都営地下鉄大江戸線、勝どき駅まで15～20分もかかるという立地（移動手段としてバスなどはありますが）ですから、賃貸住宅としては二の足を踏んでしまうのかもしれません。

晴海フラッグは、投資物件としては超優良で、販売時の抽選では応募倍率の平均が15・3倍、最高倍率が２６６倍の物件が出るほど希望者が殺到しました。人気の理由は価格の安さです。約50平米の１ＬＤＫタイプだと20階で５６００万円台、70平米弱の２ＬＤＫタイプは25階で７１００万円台、70平米超の３ＬＤＫタイプは25階で８１００万円台といった具合です。

近隣の豊洲や芝浦といった湾岸埋め立て地のタワーマンションは2LDKや3LDKになると1億円は優に超えますから、とにかく割安です。

投資目的の購入者が多いのですから当然ですが、法人名義での所有者も多くいます。NHKの調査では、最多の1089戸も入る「SUN VILLAGE（サンビレッジ）」という街区では、所有者の4分の1以上が法人名義で取得されていたことが分かりました。法人名義が4割超を占めている棟もあるそうです。

もちろん、購入の目的は居住ではなく、賃貸や転売です。すでに、購入価格の約2倍で転売した例もあるそうです。NHKの取材に応じた法人の代表は「分譲価格が安かったので通常の2倍近い利回りで貸せている」とのことでした。

災害に弱い埋め立て地

災害に弱いのも埋め立て地のデメリットです。現在のタワーマンションは大地震に見舞われたからといって倒壊する恐れはなく、過度に心配する必要はありません。しかし、阪神淡路大震災のときの神戸市のポートアイランドや、東日本大震災時の千葉県浦安市の埋め立て地で起こったような液状化が発生することは十分に想定されます。

液状化による被害は甚大です。地面から噴水や噴砂が発生すれば、自転車や自動車が地面に埋没《まいぼつ》したり、生活道路が寸断されたりするといった被害が発生します。地盤沈下により上下水道管が破損すれば、水道やトイレが使えなくなる可能性もあります。また、電気やガスの供給停止などでライフラインが侵害され、交通障害により緊急車両の通行や物流が停止する事態も想定されます。

海上埋め立て地では大規模マンションが林立しているため、ライフラインが止まってしまっても、救援が来るまでに時間がかかり、電気や水道が止まったまま高層階に閉じ込められてしまうといった事態も生じかねません。

豪雨で浸水——工場跡地のデメリット

大小工場跡から用途変更された土地のメリットの一つは、リバーサイドの立地であることが多いため、景色がいいことです。農地も工場地も大量の水を必要とするため、川の近くに立地していることが多い。そして、相対的に割安です。

五反田・大崎や武蔵小杉の工場群跡地に再開発されたタワーマンションは、絶対的な価格は高額ですが、近隣の高級住宅地と比べると相対的にはかなり割安感がありました。しかし、現在では、これら地域のタワーマンションは駅からの徒歩時間も短く、利便性もいいため、かなり値上がりしています。

デメリットは災害、特に豪雨の被害に弱いところです。大雨が降ると地下室などに浸水する危険性が指摘されている物件も珍しくありません。目黒川は警戒水域を超えることもたびたびあり、武蔵小杉のタワーマンションは、2019年の豪雨で地下部分が水没しました。そういうところは大雨が降ると、もちろん、管理会社のスタッフが作業をしますが、土嚢《どのう》の役割を果たす防水板を立ち上げ、川の水が溢れた水を防がなくてはなりません。防水板が設置されていないマンションでは、土嚢を積み上げるなどの浸水対策をしなければなりません。

工場跡地といっても、再開発後はタワーマンションが林立する新しい街に生まれ変わっていますから、その片鱗は、よく探せば、立ち退きを拒んだ小さな倉庫や工場などがあることくらいでしょう。元工場跡地とは知らずに購入する人も多いと思われます。新築物件ではカタログなどに記載され、営業担当者からの説明があると思いますが、築10年を超えるような中古物件の場合は「知らなかった」という購入者もいるかもしれません。再開発された未来都市を思わせるような街が、大雨に弱いなどと考える人は多くないでしょう。

こうした土地の性質は、２０２４年４月から国土交通省の「不動産情報ライブラリ」で簡単に調べることができるようになりました。サイトに入ると、調べたい区域の価格情報、地形情報、防災情報、周辺施設情報、都市計画情報、人口情報などを知ることができます（国土交通省「不動産情報ライブラリ」https://www.reinfolib.mlit.go.jp/）。ぜひ、活用してみてください。

規模によるメリット、デメリット

リセールバリューに不安――大規模マンション

一戸建てには関係ありませんが、資産価値の観点からいうと、マンションの場合、規模によるデメリットもあります。ざっくりと言えば、**戸数200戸以上の大規模マンションは、ヴィンテージマンションを除くと、将来、売却を考えた場合、リセールバリュー（再販価値）が、現在より低くなる可能性が高いでしょう。**

繰り返しになりますが、大規模マンションは戸数が多いため、**売却を考えた場合に、同時期に競合する物件が多く出る可能性が高く、価格の下押し圧力がかかりやすくなります。**

新築で購入した場合、入居者には同世代の似たような経済状況にある人が多いのが普通です。子供が独立する時期、退職の時期、老人ホームなどで入居を余儀なくされる時期なども重なるため、売却時に競合物件が多く出る可能性は高くなります。

賃貸物件として考えたときも、同様の物件が多いため賃料に競争原理が働き、希望の価格設定は難しいため、結果として資産としての価値は低くなりがちです。

もちろん、メリットもあります。

資産価値の維持は難しい場合が多くなりますが、集会所やキッズルームなどの公共施設や託児所などの共用サービスが付設されている物件もあります。近隣に大規模商業施設が建つことも多く、生活の利便性は魅力的です。

また、同世代の生活レベルの近い人が多く住んでいる可能性が高いため、**子育ての環境に恵まれ、コミュニティが形成されやすいという利点もあります。子育て世代にはいい環境でしょう。**

資産価値が落ちない小規模マンション

他方、戸数30戸以下の小規模マンションは、高さ制限のある閑静な住宅地（第一種低層住宅専用地域など）に建てられるケースが大半です。タワーマンションや大規模マンションが建設できる土地に、わざわざ低層マンションを建てる酔狂なデベロッパーはいません。

また仮に、中高層マンションが建てられる第二種中高層住宅専用地域や商業地域など、つまり周辺には中高層の建物が多い地域に、背の低いマンション（＝低層マンション）が建っていると、逆にみすぼらしい建物に見えます。閑静な住宅地でも交通の便がいいところは少なくありません。

低層で駅に近く、近隣に公園や病院などが近くにあるプレミアムが付くような物件は、年数が経っても価格がそれほど下がらず、リセールにも有利だといえます。

しかし、小規模マンションの場合、管理費や修繕積立金が大規模マンションに比べて高額で、大規模修繕などの際には一戸あたりの負担額が大きくなりやすいといったデメリットもあります。

また、割り当て分の土地がタワーマンションなどに比べて広くなり、固定資産税が高くなることも注意しておきたい点です。**資産性が高いものは、それだけ維持コストもそれなりにかかる、**という当たり前のことなのでしょう。

7000万円の資産マンションか、4000万円の消費マンションか

人生設計により、最良の物件は変わる

住宅を購入する際、予算ありきで、物件選びをする人が多いのは仕方がないことだと思います。手元の資金や予測される生涯収入などを睨《にら》んで、無理のない資金計画を

立てることはもちろん重要です。

しかし、そこに人生設計や投資の観点を加えると、手に入れるべき最良の物件は変わります。

すでに見てきたとおり、マンションには資産価値が落ちにくいマンションと、経年に比例して徐々に資産価値が落ちていくマンションがあります。それぞれ「資産マンション」と「消費マンション」と呼ぶと分かりやすいのではないでしょうか。

マンションの価格は、土地代、建設費用、販売経費、デベロッパーの利益の積算で決まりますが、人気の物件にはここにプレミアム価格が上乗せされます。マンションの付加価値です。駅に近いこと、人気エリアであること、高台立地、公園前などは、代表的な地域要因における付加価値です。加えて、上層階、角部屋、眺望がいいといった個別要因における付加価値もあります。

付加価値の少ない「消費マンション」の資産価値は、新築で購入しても20年も経てば目減りしてしまいますが、「資産マンション」であれば、資産価値の目減りは相対的に小さいのでリセールの際に買い手が付きやすく、相応の値段が付く可能性が高いと言えます。

おいしい中古マンションの選び方

マンションは同じような価格でも、建設時期や施工事業者によって建物のグレードに大きな違いがあります。その違いを知っていると、価格には反映されていない価値ある物件を選ぶことができます。

2010年〜12年竣工にはお得物件が多い

古い話では、例えば、バブル経済のちょっと前から最盛期の1990年頃までの間に建設されたマンションは非常に贅沢につくられています。

マンションというのは、床材や玄関ドア、窓のサッシ、壁紙、トイレや浴室、さらには構造部分に至るまで、いくらでも贅沢につくることができます。そして、贅沢なつくりのマンションは一目で分かるほど、高級感や重厚感を醸し出します。

反対に言うと、耐震・耐火などを含め建築基準を満たしている限り、ある程度資材の質を落としてつくれるということです。天井の高さも高いほど贅沢ですが、高層建築なら1階あたりの高さを低くすれば、フロア数を多くすることができます。

近年では**2010年から2012年頃に竣工を迎えたマンションは狙い目です。**リーマンショック後の建設不況で2009年頃から新規工事件数が減りましたので、儲けは少なくても何もしないよりはましだからと、タワーマンションなどを手掛ける、いわゆるスーパーゼネコンと呼ばれる大手ゼネコンが採算度外視（?）で建設したマンションが少なくないようです。

看板重視の大手と採算重視の小規模企業

こうした大手ゼネコンは、請負額が少なくても、建築の質を落とすことはありません。企業の信用にかかわるからです。ですから、この時期に大手ゼネコンが建設したマンションには、販売価格に比べて、かなり贅沢なつくりの建物が多いのです。

他方、建設業界が好況のときには大手ゼネコンは採算性の高い仕事を優先します。

そのため、従来なら大手ゼネコンが施工していたような、大手デベロッパーが開発する高級マンションの工事を準大手や準々大手が請負っているような物件もあります。

このように、マンション建設の施工業者は好不況によって大きく変わります。大手は信用第一で建物のグレードを落とすことはありませんが、企業の規模が小さくなると少し心配です。なぜ、そのようなことが起きるかというと、マンションの施工費は販売価格ありきで決定されるからです。デベロッパーはそのときの不動産市況や立地、景気見通しなどからマンションの販売価格を決めます。

戸々の販売価格の合計が売上になりますから、そこからデベロッパーの利益、開発経費や販売経費などの経費を除いた額が建設費です。つまり「こういう建物を建てるから総工費はいくらになる」という順序で施工費が決まるのではなく、先に建物の大まかな設計と施工費が決まっているわけです。施工事業者は予算と採算性を見比べて受注するかどうかを判断します。

大手は不況時であれば採算性の低い仕事を受注することもありますが、好況時には、そのような受注をしません。そのため、好況時には準大手や準々大手が請負うマンションが増えることになります。

情報の入手方法はさまざま

次にソフト面です。

新築・中古とも不動産会社の各自社サイトをこまめに見ることがベストです。ポータルサイトは一気に見られて便利ですが、あくまでも索引的に見るだけにした方が無難です。

そのほか、ニュース系サイトに「記事」として掲載されている「実はＰＲ会社が絡んでいる広告」は、記事風に見せた広告ですので、その前提で誤魔化されずに読んだ方がいいでしょう。

昨今のテレビ番組、ニュースサイト、そのほか、あらゆるところにＰＲ会社が絡んでおり、各メディアと接する場合には、情報リテラシーの高さが求められます。ある程度のメディアリテラシーがあれば、ＰＲ会社がかかわっているコンテンツはすぐに分かるでしょう。

普段よく見るネットニュースやテレビの情報番組などを見ながら、「あれ、この企業の取り上げられ方、なんか白々しいな」と思えば、ほぼ間違いなくPR会社がかかわっています。

広告が取れなくなっている昨今では、メディアはそのコンテンツ内で取り上げることで、広告収入を得ています。これを仕掛けているのがPR会社です。このようなメディアとPR会社の関係は、ますます強固となっていくものと思いますので、情報を受け取る側のリテラシーを磨くしかありません。

営業マンを味方につける

新築・中古物件とも住宅の購入にあたり、多くの人が頭を悩ませるのは、購入者と物件をつなぐ営業担当者との付き合い方です。

かつてと異なり、ガツガツした営業を行う担当者は少なくなりましたが、昔のイメージが残る人からすると「営業トークに乗せられはしないか」と、不信感を持つことも少なくないでしょう。不信感の源は、営業担当者が「売れることで、会社内から評価され、あるいは売れるとインセンティブがもらえるため、イマイチの物件でも売ろうとしている」というような、「顧客のことを考えず自分の業績を考えているかもしれない」ということでしょう。しかし、大手企業や地域の老舗企業では現在は、そんな状況はほとんど見られません。

可能性があるとすれば、新築物件であるにもかかわらず、よほど売れ残りが多い物件の販売でしょうか。これも、自身の住宅観がしっかりしていれば営業トークに流されることはありません。

確かに多くの企業（大手も含めて）の営業担当者は、一定の割合は業績連動給与です。中古物件を扱う不動産仲介会社ではガツガツした営業担当者も中にはいますが、しかし「合わないな」と思えば、担当を代えてもらえればいい。

また、新興のベンチャー企業の場合、その会社の求人サイト（自社サイトではなく求人ポータルサイトなど）を見るといい。「業績連動給で、○年目で○○万円以上稼げます！」などとあれば、ガツガツした「売らんかな」営業担当者が集まっていますので、避けた方が無難でしょう。

逆に「この営業担当者なら信頼できる！」と思ったら、じっくりと深い付き合いをすることで、いい物件に出会える可能性も高まります。

しかし、営業トークに惑わされないために重要なのは、第1章で詳しくお話ししたとおり、揺るがない住宅観を確立しておくことです。

自分がどんな人生や生活を望み、その実現のためにどんな家が欲しいのか、広さや立地、間取り、周辺環境、建物のグレードなどの優先順位を明確にしておけば、営業トークに惑わされることはありません。そのうえで、いい営業担当者に巡り合うことは、住宅選びに失敗しない重要なポイントです。

いい家を味わう習慣

「豊かな人生」「理想のライフスタイル」を実現させるために、じっくりと吟味し、理想的な家を選ぶことができたとしたら、次に「いい家をじっくり味わう習慣」を考えてみたいと思います。

理想的な家を手にしたとしたら、その家を味わって日々を過ごしたいものです。ここからは、ぼくが考える「いい家を味わう習慣」についてお伝えしましょう。

まずは**「この家の主人公は自分たち家族だ」**編から。

必要以上にモノを置かない

家の主人公は、自分自身（家族）であって、モノではありません。

収納スペースは、なるべく使わない

昨今の住宅は、延べ床面積に対して収納スペース（クローゼット、納戸、ウォークインクローゼットなど）を以前より広くとる傾向にありますが、家の主役を乗っ取られつつある傾向とも言えます。買いだめは最低限に、不要なものは捨てるようにして、主役の場を奪われないようにしましょう。

整理整頓、片付けはチキンと

片付けができておらず、モノが部屋中に散らかっている状況になっていませんか。そうなると「家の主人公」の座を完全にモノに奪われています。

片付けができないことの主要因は「面倒」と「後回し」です。家にあるすべてのモノの定位置を決め、使えばそこに戻す、ということをルール化すれば「毎週日曜日の午前は片付けタイム」ということもしなくていい。

「片付け」という言葉を我が家から排除し、「使えば定位置に戻す」を徹底すればいいだけ。ちなみに、そもそも必要以上にモノがなければ、片付け（定位置に戻す）も簡単です。

不要なモノを捨てる

これも「主人公は自分だ」シリーズです。

自宅内のモノが増える理由は、ただ一つ。「買うモノの量＞消費するモノの量＋捨てるモノの量」だからです（家族が増えた場合は除く）。

「不要なモノ、使っていないモノを捨てる」を徹底すれば、自宅を有効に使うことができます。庭がある一戸建て住宅で豊富な収納場所があれば、内にも外にもモノは置き放題です。

「一戸建て住宅は片付けが難しい」という声を聞いたことがありますし、ぼくが保有している別宅も山奥で庭だけは広いので「片付けが大変だ」と、以前は思っていました。しかし、ある時「ハッと」気づきました。無駄なモノをどんどん買っていて、その代わりに使ってないモノをまったく捨てていないな、と……。単純にそれだけのことでした。そのことに気づいて以来、ぼくは次のことをルールにしています。

・自宅でもどこでも、ゴミ箱のゴミは全て集めて毎日捨てる（ゴミ捨てルールに基づき、場合によっては家の外やベランダに置く）
・部屋を見わたして使ってないモノを毎日1つ以上見つけて捨てる
・迷うようなら、捨てる

「自分の理想のライフスタイルに合った家に住んでいる」というのは、かなり心の余裕を得ることができます。そうすれば「不要なモノは、どんどん捨てる」モードになることができるのではないでしょうか。

以上は、近藤麻理恵（こんまり）さんの「片付けの魔法」みたいなお話ですが、「家の主人公は自分たち家族だ」という観点からも極めて重要なことだと思います。これができなければ、せっかくの理想の我が家がもったいないことになります。おそらくみなさんの**人生の最高額の資産である自宅を最も利用しているのが、さまざまなモノだとなったら悲しくなりますよ**ね。

自宅内や自宅近くで行う趣味を持つ

続いて「味わい尽くす」編です。

先述したように、自宅近くで、適度な広さの公園やランニングコースになり得る場所があれば、ランニングができます。都内の大きな公園では、青空ヨガや月ヨガなども定期的に開催されています。

自宅での趣味といえば、いろいろとありそうですが、40代から庭付き一戸建てに住んでから始める趣味としておススメなのがピアノです。マンションでは（密集地の一戸建てでも）音漏れが気になりますが、ある程度の広さの一戸建てなら可能です。ピアノを習うことで、脳の活性化につながるとも言われています。

（公財）「生命保険文化センター」によれば、2025年には65歳以上の18・5%、5・4人に1人が認知症になると予測されています。

「健康を維持する」とは、身体の調子がいいというだけでなく、脳も健康であり続けることです。**「心と身体と脳」、この3つが快適でなければ、豊かな人生とは言えません。**脳の健康を維持するためにも、一戸建てに住んだらピアノを始めてみるのもいいでしょう。

自宅で朝夕食時間を家族とともに過ごす

せっかくの「自分の理想の家」ですから、そこでご機嫌な気分で夕食をしたいものです。

ぼくは50歳くらいまでは頻繁に会食をしていましたが、一念発起し、休日を含めて週5回は自宅で夕食をとる（会食などは週2回まで）と決めました（もちろん、忘年会シーズンなどイレギュラーな時もありますが）。春や秋は庭やテラスで七輪を使い、地鶏や魚などを焼いて食べると格別です（単に地鶏が好きなだけですが）。

また、自宅時間が好きになると料理をしたくなります。30代くらいまでなら「料理男子」を目指し、40代以上なら「料理オジサン」を目指すのもありです。

定期的に友人・知人を自宅に呼ぶ

多くの研究結果が示しているように、「人生を豊かにする最も重要な要素は、人間関係」です。多くなくてもいいので、良好で強固な人間関係を保持するためにも、定期的に友人やそのご家族を自宅に呼び、もてなす。子供が小さなうちは難しいと思いますが、小学生を過ぎたくらいで、子供たちに「人間関係の構築の重要性」を感じてもらうためにもいいと思います。

ぼくが小さい頃、平均して週1回は父の友人たちが実家を訪ねてきて夕食を一緒に食べていましたが、その時は、さながら母が経営する居酒屋のようでした。その一角でオジサンたちの話を聞きながら、時に意見を求められながら、ぼくと妹は夕食をとっていました。

また、自宅に人を呼ぶと、その時には「部屋をスッキリ、綺麗にしよう」というモチベーションが高まるので一石二鳥です。

掃除はプロに委託する

経済状況などにゆとりがあれば、水まわり（風呂・トイレ・洗面・キッチン）などはプロの業者に定期的に掃除をしてもらうといいと思います。

友人の歯科医師は、郊外に広い庭のある一戸建てに住んでいますが、彼の家を実父が訪ねた時に、ちょうどのタイミングで庭師が庭の手入れや雑草の刈り取りなどを行っていたそうです。

するとお父様から「庭の手入れくらい自分でやれば」とたしなめられたとのことで

すが、その話をぼくにした彼は「庭の手入れをするために庭をつくったんじゃない。庭を見ながら過ごしたくてつくったんだ」と熱く語っていました。

確かに「庭いじり」が好きなら、先述したように「自宅でできる趣味」になりますが、彼のように好きでなければ苦痛です。

自宅の維持管理についても、室内では、部屋掃除は掃除機でやればよく、片付けは「定位置に戻す」方式でクリアできますが、水まわりの掃除はかなり大変です。外回りでは、庭の維持管理は重労働です。大変なことは積極的に外部のプロに任せた方が、心も身体もストレスなく過ごすことができます。

満足行く自己所有の家に暮らすことで得られること

理想とするライフスタイルを実現するための「住まい」を所有すれば、いろいろと得られることがあります。

徐々に金利が上がりつつありますが、まだまだ低金利であり、住宅ローン減税も引き続き行われ、共働き世帯の場合、２人分の所得税が減額されます。日本政府は、昔も今も自宅所有を後押しし続けています。自宅を所有すると、住宅ローンを払うことになりますし、さらに理論上の建物の価値は下がりますが、少なくとも土地の価値はあるので、ローンを支払うことで徐々に土地建物の所有権割合が増えていくと思えばいいでしょう。

また当然、所有する物件では家賃を払いませんが、周辺相場から勘案する想定家賃よりもローン支払いが少なければ、その分、安価で賃貸しているとも考えられます。このような「持ち家」の支払いについては、計算すれば事前にどれくらい得か損かが分かります。

しかし「満足する持ち家」に住めば、それまで想定していなかったメリットがあるようです。想定していなかったメリットを列記してみましょう。

①「満足する持ち家」に住めば、おカネを使わなくなる

自宅での時間に満足を感じている人は、自宅時間を長く確保するようになります。

当然、外食の機会が減り、家の近くで過ごす時間が長くなり、タクシー代など交通費も減ります。

知り合いのある上場会社の社長は「基本的に朝・夕食は自宅で」をルールにしており、お誘いすれば「夕食よりもゴルフに行きましょうよ」と言われます。確かに、ゴルフの日は（泊りの地方でのプレイでもない限り）、たいてい朝・夕は自宅で食べます。

②「満足する持ち家」に住めば早く寝るようになる

これは、ぼくも含め多くの人が口を揃えて言っています。

夜の自宅時間は夕食後、ドラマや映画を見ることもありますが、ベッドやソファで読書をし、ノンビリ過ごすことが多くなります。綺麗に片付いた寝室で、「ベッドに入ることから起きる時間まで」の「寝室時間を味わう」ことも誠に贅沢な時間と言えるでしょう。

ちなみに、ぼくは幼い頃から夜早く寝るのがあまり得意ではなく、中学生に入ると深夜1時30分くらいに寝て8時に起きる生活でした。これは社会人になっても続き、

40代になって、やっと日付が変わる前に寝て、朝7時のニュースに間に合うように起きるようになりました。

しかし、規則正しくなったのは「自宅時間を味わう」と決めてからです。現在の「寝室味わい時間」は、22時30分過ぎにベッドに入り、23時過ぎに就寝、6時30分少し前の起床なので、寝室時間は8時間、睡眠時間は7時間30分というところです。

睡眠時間は多少変わりますが、自分の中では「7時間は寝るようにしよう」と考えています。睡眠時間が短いとクリエイティブな仕事がしにくくなること、加えて、せっかくの「寝室味わい時間」が短いと「もったいない」と思うからです。

ほかには、

③「満足する家」に住めば、健康になる、長生きする

④「満足する家」に住めば、人間関係が豊かになる

がありますが、すでに説明したので省略します。
豊かな人生を味わうためにも、「満足する持ち家」探しに妥協は禁物です。

おわりに　人生のゴールを見据えたしっかりとした住宅観の確立を

本書の目標は、人生を豊かにする住まい、〝well-beingな人生〟を送るための住まいについて考えることを通じて、読者のみなさんの住宅観の確立のお手伝いをすることにありました。

〝住宅すごろく〟という言葉が奇しくも暗示するとおり、〝well-beingな人生〟を送るためには、人生観やライフステージによって住まいのあり方も変わってくるのが当然です。

仕事に没頭し、社会人としての基盤を培《つちか》うべき若い時期、結婚し、子育てや子供の教育環境を優先に考えるべき時期、子供が巣立ち引退後の生活を過ごす時期——それぞれのライフステージには、人生観に基づき、それぞれに最も適した住まいがあるのは当然のことです。

〝住宅すごろく〟のゴールは引退後の終の棲家ということになるでしょう。引退後にwell-beingな暮らしを過ごすには、どのような住宅が適しているのか、〝住宅すごろく〟の過程にあり、住宅観を確立中のみなさんには、ぜひ、考えてもらいたい点です。

「終の棲家」について、面白いデータを見つけたので、ご紹介しておきます。

「Ｃａｓａ（イタリア語で家）」を中心に、建築やデザイン、食、アート、ファッション、旅など人生を楽しむテーマを扱うマガジンハウスの月刊誌『Casa BRUTUS（カーサ・ブルータス）』が、約２１００人の読者を対象に実施した「50代の理想の住まい」に関するアンケートの分析です。「50代から」ということは、つまり、10～15年後に控えた「引退後を見据えた」理想の住まいとも言えるでしょう。

まずは、回答者の住宅に関する属性です。一戸建て新築注文住宅に住んでいる人が６６０人、賃貸マンション居住者５４０人、マンション居住者５１４人、一戸建て中古住宅１７０人、一戸建て新築建売住宅１０７人、賃貸一戸建て住宅50人などとなっています。

「これから住んでみたい住宅のタイプ」を聞かれた回答では「一戸建て新築注文住宅」が全体の約4割にあたる793人でトップでした。

以下、中古リノベーションマンションが474人、中古リノベーション一戸建て住宅435人、新築マンション216人、賃貸マンション67人、新築建売一戸建て住宅19人などの順で、中古物件や建売物件も含めると、全体の約6割が「これから一戸建て住宅に住んでみたい」と考えていたのです。

50代以降に住む家は「どんな家にしたいですか？」という問いへの自由回答では、「ゆとりのある家」「中庭のある家」「開放感のある家」「吹き抜けがあり採光のある広い家」などの回答が多く、「自然（緑）」「庭」「開放感」「趣味を楽しむ」というキーワードが目立ったそうです。

この記事の著者は「30、40代に比べて家で過ごす時間が増え、趣味や趣向も確立されてくる50代。家に求める役割も、**忙しい日々を下支えする生活の場ではなく、ゆったりとした日常を実現するくつろぎの空間へ変化**」と分析しています。

この調査結果のように、多くの人が終の棲家として一戸建て住宅を望んでいるにもかかわらず、現在の不動産市況はマンション人気を如実に物語っています。マンションと一戸建てでは、都市部では２０１３年からの10年間で、マンション価格は約２倍に上昇したのに対し、一戸建て住宅の価格は25〜30％程度しか上昇していません。しかも、その25％は実質的には土地の値上がり分といえます。

これまで見てきたとおり、マンションに人気があるのは利便性と資産価値に魅力があるからです。しかし、タワーマンション神話がじわじわと崩壊し、マンションの資産価値がこれまでのような右肩上がりではなく、横ばいになったり、値崩れを起こしたりするようなことが起きれば、状況ががらりと変わる可能性もあります。

潜在的には一戸建て住宅の需要が高い一方で、マンション需要の原動力は資産価値にあります。マンションの資産価値としての魅力が衰えれば、需要は一戸建て住宅にシフトしていく可能性があるのです。

「はじめに」や第２章で、賃貸住宅に住む人の寿命は持ち家に住む人よりも短くなるリスクがあることを紹介しましたが、その原因を分析した論文によると、原因の多くはストレスでした。同じ持ち家でも、隣の家と壁が接している長屋タイプの方が、老化が早いという報告も紹介しましたが、これも原因はストレスと解釈できます。『カーサ・ブルータス』のアンケート調査の回答のキーワードとなっていた「自然（緑）」「庭」「開放感」「趣味を楽しむ」は、いずれもストレスレスな生活と深いつながりがあります。

終の棲家としてマンションを選んだ人にその理由を聞くと、持ち家は「維持管理が面倒」という回答が少なくありません。高齢になると維持管理は確かに大変で、ストレスの原因になり得ます。

しかし、あまり、合理的な理由とは言えません。マンションの維持管理が面倒でないのは、毎月維持管理費を支払い外注しているからです。持ち家であっても、マンションと同じように、毎月管理費を支払って外注すれば、その面倒からは解放されます。

オーストラリア・アデレード大学が実施した、賃貸住宅居住者と持ち家居住者の健康に関する大規模な追跡比較調査と同様の調査が、マンション居住者と一戸建て居住者を対象に実施されれば、比較的似たような結果となることは容易に想像できます。

〝Well-beingな人生〟を送りたいと考えるなら、一戸建て住宅に軍配があがるでしょう。たいていのマンションはあくまでテンポラリーな住まいと考える方がいい。

これまでは、地方の高齢化が社会問題となっていましたが、これからの20年は、東京や大阪などの大都市圏で高齢者が急増していくでしょう。歳を重ねるにつれ活動範囲は徐々に狭まっていきます。高齢者は自宅周辺で過ごすことが多くなります。

それは都市部でも郊外でも同じです。日々の生活で、スーパーなどでの日常の買い物を除けば「利便性」はさほど重要な要素ではなくなります。「利便性」を強調するタワーマンションや大規模マンションの周辺環境は、老後の生活に本当にふさわしい「住まい」なのでしょうか。

第3章や第4章で触れたとおり、この先、タワーマンションや大規模マンションに住み続けると、ストレスを抱え込む可能性があります。大規模修繕や取り壊し、建替え、管理費の滞納問題など、老朽化に伴い、さまざまな難題が押し寄せてくる危険性があるからです。

そのような住まいが、〝住宅すごろく〟のゴールにふさわしい場所と言えるでしょうか。

たとえ、おカネがあっても、心にゆとりがなければ〝well-beingな人生〟を送ることはできません。ストレスがより少ない、シンプルな暮らしのできる「住まい」に巡り会いたいものです。

心も体も、幸せを実感できる〝well-beingな人生〟を実現するため、今から人生のゴールを見据えた揺るぎない住宅観をぜひ、確立してください。

吉崎誠二（よしざき　せいじ）
（社）住宅・不動産総合研究所理事長。不動産エコノミスト、不動産企業コンサルタント、CREビジネスコンサルタント。
資格として宅建士、国会議員政策秘書認定資格。
1971年生まれ。早稲田大学大学院ファイナンス研究科修了。立教大学大学院博士前期課程修了。（株）船井総合研究所上席コンサルタント、Real Estateビジネスチーム責任者、基礎研究チーム責任者、（株）ディーサイン取締役、不動産研究所所長を経て現職。不動産・住宅分野におけるデータ分析、市場予測、企業向けコンサルテーション、CREコンサルティングなどを行うかたわら、テレビ、ラジオのレギュラー番組に多数出演、また全国新聞社をはじめ主要メディアでの招聘講演を毎年多数行う。主な著書に『不動産サイクル理論で読み解く　不動産投資のプロフェッショナル戦術』（日本実業出版社）、『大激変　2020年の住宅・不動産市場』（朝日新聞出版）、『「消費マンション」を買う人「資産マンション」を選べる人』（青春新書プレイブックス）等11冊。さまざまな媒体に、月15本以上の連載を執筆。

間違《まちが》いだらけの住《マンション》まい選《えら》び

2024年９月30日　初版発行

著　者　吉崎　誠二

発行者　鈴木　隆一

発行所　ワック株式会社
東京都千代田区五番町4-5　五番町コスモビル　〒102-0076
電話　03-5226-7622
http://web-wac.co.jp/

印刷製本　大日本印刷株式会社

ISBN978-4-89831-979-6